コーチングの技術

上司と部下の人間学

菅原裕子

講談社現代新書

はじめに

自分の力でものを考え、行動しようとしない部下への嘆きをよく聞きます。ありがちな、「最近の若い人たちは」という愚痴かと思えば必ずしもそうではありません。より大きな責任をとってしかるべき中堅層の中にも、上司からの指示を待っている人たちはまだ多いようです。

自分から発想し、行動しようとしない。自分の考えを積極的に伝えようとしない。上司の指示を待っている。

このような部下の態度は、長い時間をかけて培われたものです。かつて管理職の仕事は、部下を管理することでした。命令をくだし、部下がそれに従って行動することを確認するのが仕事だったのです。そのような環境で、部下たちに自主性や積極性を発揮することは求められませんでした。

ところが社会の変化は、組織の構造や人々の働き方に大きな影響を与えました。様々な規制が緩和され、市場の競争が激しくなっている今、お客様にはたくさんの選択肢があります。トップが市場を眺めてじっくりと決断をくだし、それを組織全体にゆっくり浸透させていく時間などありません。

現場においても、個々の社員は、より自主的に、創造性を発揮して対応することが求められています。迅速に対応できなければお客様が他を選択してしまうからです。

このように、市場は社員の自立を必要としているのに、組織内には社員が自由な発想で仕事をする環境ができていないのが現状です。

また、組織によっては、リストラによって人が減らされ、一人のプレーイングマネジャーがかつての倍の部下を管理する状況が生まれています。しかし、たった一人のプレーイングマネジャーが部下を管理し、指示・命令によって動かすことなどとうてい不可能です。ですから今後、ますます個人が自分の仕事を管理し、創造的に成果を上げるようサポートすることが求められます。

そのような背景の中、マネジメントの手法の一つとしてコーチングが受け入れられてきました。二〇〇〇年ごろから、管理職研修としてコーチングを取り入れた企業は多いのではないでしょうか。指導の場面において、一方的に相手に知識を教え込むのではなく、共に考え相手の可能性を引き出す方法として、コーチングは最高の方法です。今後もますますコーチングを導入する組織は増えるでしょう。そして、コーチングの技術は、管理職の必須科目の一つになっていくでしょう。

一方で、こんな声を聞くことも増えています。

管理職にコーチングを学ばせてはいるが、どうも組織の中では上手く機能していない。一方の、コーチングを学んだはずの管理職も、技術を使いこなせないまま、かといって「指示・命令ではなく」という言葉に今までのやり方を通すこともできず、中途半端な状態が起こっている。結局コーチングはよくあるビジネス界の流行の一つで、しばらくすればまた別の何かに取って代わられるのではないか。

こういった声が起こる原因は、コーチングの導入をただの技術の習得と勘違いしてしまったことによるものです。コーチングは一時の流行ではなく、これからの社会を根底から支えるコミュニケーションの方法です。むしろ、今後は子育てや教育の分野にも積極的に取り入れられるべきものです。

同時にそれは、ただ技術としてではなく、文化として受け取られることが大切です。コーチングに基づくコミュニケーションが根づいていないところでは、どれほど上手く技術を使っても、成果を生み出すことはなかなか難しいものがあります。

組織全体にコーチングマインド（コーチング観）を浸透させ、コーチングが機能する文化をつくることこそ、今後組織に求められることなのです。

また、コーチングマインドやその技法は、個々の社員の自立を促すだけでなく、会議や業務改善のための話し合い、プロジェクトマネジメントの手法として幅広く活用できます。

本書は、コーチングの技術のみならず、それを導入するための環境づくりをお伝えするよう構成されています。組織環境の一大要素は〝人〟です。部下にとっての環境とは上司です。上司がよきコーチとして、よき環境として、部下の育成にあたる一助になれば幸いです。

目次

はじめに　3

第1章　人の可能性を開くコーチング……11

テニスではなく「バウンド・ヒット」を……「できる」を引き出す魔法の言葉……人の可能性を開くということ……スポーツから生まれたコーチング……ビジネスコーチングの歴史……構造を変えても組織は変わらない……コーチングの人間観……コーチングを機能させるコミットメント……コーチングの成果〜コーチング導入のメリット〜

第2章　コーチングが発揮される環境とは……43

マネジメントとコーチング……手放してはならない上司のプライド……組織

でビジョンや価値が語られているか……企業は個人のビジョンを語らせているか……コミュニケーション環境の整備……人はただ働くだけだと元気がなくなる……「目標」と良好な関係を保つ……コーチになるための自己変革

第3章　コーチングの技術……67

コーチングプロセスのデザイン……コーチングの基本プロセス……部下が問題を抱えて相談にきたとき……相手の心を開く「ラポールの技術」（1）ミラーリング（2）ペーシング……「聞き」を妨げる『きき耳』……対応のパターン……コミュニケーションの本来の目的は相互理解……『きき耳』を回避する傾聴法（1）バックトラッキング（2）［BUTからANDへ］……質問の技術……待つ〜沈黙の技術〜……話題集中法……強化の技術……褒めることの危険性〜事実の承認と祝福〜……フィードバックの技術……目標設定の技術……コーチは物事を前向きに、かつ肯定的に捉える……面倒見のいい上司が落ちる罠……観察力……関係を構築する能力……感情をコントロ

ールする能力……正直に伝える力……直観力

第4章　グループコーチングの技術「ファシリテーション」……149

非生産的な会議を何とかしたい……GEにおけるワークアウト……ワークアウト導入の実際……ワークアウトにおけるファシリテーター（コーチ）の役割と求められるスキル

第5章　セルフコーチングのすすめ……167

他人の作った流れの中で生きることの限界……日本中にあらわれた『やりたいこと探し難民』……自分の道を選ぶ……セルフコーチングとは……自己の現状チェック……プロジェクトを決める……実行に無駄な頑張りは無用……ストレッチ〜自分にまともでない要求をしてみる〜……問題を抱えているときのセルフコーチング……人は才能を発揮するために生まれてきた

あとがき　198
参考文献　202

第1章 人の可能性を開くコーチング

テニスではなく「バウンド・ヒット」を

一九八八年の夏、私と同僚たちは、コロラドの大自然の中、コーチングを学ぶためにあるホテルの研修棟附属のテニスコートにいました。とはいえ、テニスのコーチになろうとしていたわけではありません。私たちが勤める会社の年中行事であるマネジメントセミナーの、その年のカリキュラムが「コーチング」だったのです。

ビジネスにおけるコーチングの本質を学ぶために、私たちの会社はある講師を招いており、いよいよそれを実践するためにテニスコートに出たのです。それに先立って、私たちは講義を受けていましたが、実際に体験するまでは何を聞いたのかさえ印象に残っていませんでした。

コートに出た私が最初に試みたのは、「テニスをすること」でした。そもそもコーチングを学ぶためにテニスをやること自体気が進みませんでしたが、これもプログラムの一部です。やらなければ終わりません。とにかく、何とかうまく切り抜けたいと思っていました。

私はラケットを構え、テニスをしようとボールを追って走ります。ところがボールはラケットに当たりません。たまたま当たっても、かする程度か、そうでなければあらぬ方向へ飛んでいってしまいます。

「ほら、やっぱり当たらない」

私は心の中で言いました。野球のバットと違い、しゃもじの十倍はありそうなラケットなのに、なぜボールが当たらないのだろう。

私は、一六歳の初夏の悲惨な体験を思い出していました。そのときの私は、何人もの友人が見つめる中、ボールをラケットに当てることができず、無様《ぶざま》な姿をコートに晒《さら》していました。

「そんなはずはない」

一六歳の私は確かそう思いました。そして、側で見ていた友人はこう言いました。

「ボールを見て」

あのときの彼女の言葉を思い出し、私はボールを睨みます。しかし必死になって睨んでも、ボールはラケットに当たりません。私はいいかげん嫌になっていました。ボールが当たらないことにではなく、無様な自分を人前に晒すことにです。そのために、かつて私はテニスをすることをあきらめたのです。そしてそれ以来、二度とテニスに興味を持つことはありませんでした。それなのに、今また惨めな状態に身を置いているのです。

しばらくすると、講師は、そんな私の気分を見透かしたかのように、「『テニス』ではなく『バウンド・ヒット』をするように」と促しました。ただコートにバウンドしたボールを打ってみろ、と言うのです。講師は、「♪バウンド・ヒット♪」「♪バウンド・ヒット♪」と歌いながら、コートを行き来しました。

私は講師の言うとおり、地面に落ちたボールを「バウンド」と声に出して確認し、「ヒット」という言葉に合わせてラケットを振りました。すると、ボールはラケットに当たり、相手のコートに戻っていきます。「なんだ、これならできるかもしれない」と思った私は、バウンド・ヒットのリズムに乗ってボールを追いかけました。

リズムどおりに身体を動かすと、ラケットはボールをとらえ、ボールは相手コートに飛んでいきます。そして次第にボールはラケットの中心近くに当たるようになりました。不器用ながら、しばらくコーチの声に合わせてボールを打つことだけに意識を集中していると、まるで奇跡のように相手とのバウンド・ヒットが続くようになりました。ただ、「さあ、もっとやるぞ」と気合を入れた途端、リズムが崩れ、思うようにボールは打てなくなります。

私たちは、ひたすらバウンド・ヒットを続けました。歓声を上げる者もなく、夕暮れのテニスコートには「♪バウンド・ヒット♪」だけがこだましていました。そして私は、今でも、そのゲームが非常に楽しかったことを覚えています。

「できる」を引き出す魔法の言葉

私のバウンド・ヒット体験の講師は、一九七二年に『インナーゲーム（THE INNER GAME OF TENNIS）』を発表したティモシー・ギャロウェイです。彼こそが、スポーツにおけるコーチングを、ビジネスに応用するきっかけを作ったその人です。

バウンド・ヒット体験以前の私は、テニスに対して苦手意識を持っていました。実際、私にとって、ラケットでボールを打つことは大変難しいことでした。しかし、彼の言う「バウンド・ヒット」をやってみて、自分がテニスボールの打ち方を、しかも外すことなく相手と打ち合うやり方を「すでに知っていた」ことを発見したのです。

とはいえ、ギャロウェイは「ボールの打ち方」を教えたわけではありませんでした。ただ「バウンドしてヒットする」ことを促しただけでした。高校時代に私に恥をかかせたテニスは、バウンド・ヒットに形を変え、「できないこと」から「できること」に変化していました。その変化をもたらした魔法の言葉は、「バウンド・ヒット」です。それ以外の、どんな言葉からも引き出されなかったボールを打つ能力は、わずかな言葉で引き出されたのです。

さて、この学びは、私のコンサルタントとしての仕事に活かされています。研修で人を指導するときのやり方がその一つです。

たとえば管理職対象の、部下育成をテーマにした研修では、「コミュニケーション能力の向上」を必須項目に挙げています。中でも「部下の話を聞く力」は最重要課題です。

よく私は「仕事がうまくいかず、モチベーションが低下している部下の話を聞く」という設定で、管理職のコミュニケーション能力を高める実習を行います。まず、参加した管理職を、上司役と部下役に分けてペアを作り、ロールプレーの冒頭で上司にこう言います。

「相手（部下）の話をよく聞きましょう。あなたの意見を部下に押しつけるのではなく、部下が何を考えているか、感じているかに耳を傾けます。上司に話を聞いてもらった部下は、それだけで勇気づけられます。さあ、それではとことん聞いてみましょう」

ところがたいていの場合、上司役が黙って相手の話を聞くのは長くて一分です。気がつくと、上司役が一方的に話をしています。

ロールプレーを終えて、部下役の人に感想を求めると、「悩みを聞いてもらうというより、うんと励まされました」と気落ちしています。そこで「どう感じましたか？」と聞くと、「うーん、もっとがんばらなきゃいけないのかと気分が重くなりました」とかえって行き詰まりを感じています。

一方上司役は、「部下の話を聞いてください」と言われても、「何が聞くことなのか分からない」ために逆に話をしてしまう、と言います。

それは、私の友人が言った「ボールを見て」と同じことでした。私は「だからボールを見た」のですが、「でも何も起こりません」でした。

そこで、私はやり方を変えてみます。「相手の話をよく聞いてみましょう」と伝えた後、「相手の話を聞く」ことが具体的にどのようなことを指すのかをシンプルに示すのです。

「黙って視線を合わせ、相手の話す速度に同調して相づちを打ってください」。実はこれが魔法の言葉です。

するとロールプレーは一変し、上司役はひたすら聞き手にまわります。それにより、部下役の感想も、「口をはさまず 、最後まで熱心に聞いてくれました」と大きく変化しました。

上司役自身も、「よく聞きなさい」と言われるより、「(黙って)視線を合わせる」とか「相づちを打つ」と言われた方が行動がハッキリし、簡単にできそうな気がすると言います。

さて、このロールプレーと、私のバウンド・ヒット体験には共通することがあります。それは、

① 指導者が具体的で分かりやすい行動のヒントを与える
② 対象者が「できそうな気がする」と前向きになる

③その結果、対象者が行動そのものに集中できるという点です。

特に、「仕事がうまくいかず、モチベーションが低下している部下の話を聞く」と言われると、上司と呼ばれる人のほとんどは、自動的に「自分が何とかしてやらねば」と思ってしまいます。責任感と愛情がもくもくと湧いてくるからです。そのため、余計な力が入り、気がつくと「自分がしゃべっている」のです。しかも、彼らは自分がしゃべっているということにさえ気づいていません。

人の可能性を開くということ

「バウンド・ヒット」体験を通して、私の、人を「指導すること」に対する意識は変わりました。それは、「教え込む」ことから「コーチング」への変化でした。一方的にああしろこうしろと教え込むのではなく、相手の中の眠っている能力を引き出し、それを高めていくことが本当の指導である、と学んだのです。

そしてそれ以来、私の中で変化し続けていることがあります。それは、「相手が知らないから教える」という見方から、「すでに知っていることを引き出すために共に働く」という考え方です。

本来、私たち人間は、先ほどの「バウンド・ヒット」やロールプレーのようにいろいろなことを知っています。ただそれを知らない、つまり知っていることを自覚していないことが多くあるのです。

コーチングは、対象者が自覚していない潜在的な知識やスキルを引き出し、それを智慧に高め、結果に結びつけていく作業です。「知っていること」と「知っていること」を結びつけ、「知っていること」と「新しい情報」を結びつけ、これまでにない「結果」を作り出すのがコーチングです。

話の聞き方が分からない上司に、黙って視線を合わせてうなずくというヒントを与えると、彼の中にあった「聞く」能力が引き出されます。そして初めて相手の話を聞くという行為が成立し、「目的」が達成されます。目的とはつまり、「部下が聞いてもらえたと実感できる」ということです。そして部下は、自分のモチベーションが低下している訳を上司に話すことができるのです。

聞いているつもりなのに聞くことができていない状態と、ラケットにボールを当てようと努力しているのに当たらないのはよく似ています。そこに、「指導者が具体的で分かりやすい行動のヒントを与える」と、対象者の行動に劇的な変化が起きます。その意味で、「バウンド・ヒット」や「黙って視線を合わせてうなずく」というのは、コーチからの魔法の言葉でした。

さて、私たちは、相手のやる気や可能性を引き出す魔法の言葉を持っているでしょうか。

部下育成にあたる管理者の皆さんはいかがでしょう。

子どもを育てる親は、どうでしょうか。親は、子どもが人生で最初に出会うコーチです。読者の皆さんは、コーチとして子どもの可能性を開いているでしょうか。

スポーツ選手にとって、コーチとの出会いが選手生活を大きく左右するでしょう。あるいは、先生は、子どもの学校生活におけるコーチです。先生は生徒の可能性を開く魔法の言葉を持っているでしょうか。

何より、自分自身に対してはどうでしょう。自分の可能性を開きたいと願う人は、自分に対する魔法の言葉を持っているでしょうか。

コーチは、人を指導する人です。コーチの仕事は、相手を無知と決め込んで教え込もうとすることではなく、相手の能力を認め、その能力が発揮できる環境を創ることなのです。

スポーツから生まれたコーチング

コーチングのルーツの一つは、スポーツにあります。私にバウンド・ヒット体験をさせたティモシー・ギャロウェイの著書『インナーゲーム』は、日本では、一九七六年に日刊スポーツ出版社から発刊され、二〇年以上経った二〇〇〇年に、その改訂版（『新インナーゲーム』）が紹介されています。

彼は、「一人の人間の中には二人の自分がいる」と考えました。一人は、本能的に知っているプレーをしようとする自分（セルフ2）、もう一人は命令を出し、評価し、もっと上手くやらせようと叱咤する自分（セルフ1）です。

皆さんにも、体験があるのではないでしょうか。

たとえば、何かに無心に取り組む自分（セルフ2）を、もう一人の自分（セルフ1）が冷たい目で眺め、「そんなことじゃダメだ、もっとうまくやれ」と囁《ささや》きます。セルフ1の声が聞こえた途端、私たちは緊張し、本来セルフ2が知っているはずの最高のプレーができなくなります。セルフ1はまるで、口うるさい上司のようです。部下のすることを信頼せず、くどいほど教え、指示や命令をします。

コーチの仕事は、対象者の心をセルフ1に支配させずに、セルフ2に自由にプレーさせることです。それこそが、人間の潜在的な能力の発揮であり、コーチの役割なのです。

最近でこそ、スポーツ選手のメンタルな側面が、その結果に大きく影響を及ぼすことが

ティモシー・ギャロウエイが提唱した
個人の中にある「セルフ1」と「セルフ2」の考え方

【承認・質問】

セルフ1

どうしたらもっと君らしく
できるかな？
他にはどんなやり方が
あるかな？

セルフ2

いいことを考えたぞ！
やってみよう！

【叱咤激励・指示命令】

セルフ1

もっと上手くできるはずだ！
早くしろ！

セルフ2

知られるようになってきましたが、七六年当時のギャロウェイの著作は、スポーツ界にある種の旋風を巻き起こしたのではないかと推察されます。

それ以前のコーチングスタイルは、セルフ1のタイプ——コーチが正しいと思うことをみっちり教え、そのとおりにプレーするよう指示し、命令する——やり方が主流だったようです。そこで彼がした提案は、教え込むことを減らし、選手が潜在的に知っているプレー（セルフ2）を発揮させるやり方でした。

そして、彼の功績はスポーツ界にとどまりませんでした。

「正直に告白すると、二五年前にこの本の初版が刷り上ったとき、だれも売れるとは思っていなかった。担当編集者は『テニスのハウツウ本は、一二万部も行けばいいところだろう』と計算していたし、それが百万部近く売れ、日本を筆頭に、複数の言語に訳されて世界中で読まれたのは、不思議でもあり、大変な驚きでもあった。

ただ一つ、その要因として我々が理解したのは、多くの読者がそれをテニスの本と限定せず、もっと一般的で、さまざまな分野において『自分の能力をフルに引き出す』ための一つの考え方として、受け取ってくれたことだった」

このように、ギャロウェイが『新インナーゲーム』で語っているように、その考え方は、テニスプレーヤーやその他のスポーツ選手だけでなく、一般の人々やビジネス界でも広く受け入れられるようになりました。

ビジネスコーチングの歴史

八〇年代後半、欧米のビジネス界でコーチングが注目され始めます。ちょうどアメリカ経済が不況に見舞われていたころのことです。それまで欧米においても、経営陣が決断をくだし、指示・命令で部下たちが動くやり方が一般的でした。ところが、規制緩和や人々のライフスタイルの変化で、市場の流れが大きく変わったのです。

従来のように、現場の社員が上司の指示や命令で動くだけでは、顧客のニーズをつかむのに時間がかかり、その流れについていけなくなってきました。そのため社員には、率先して顧客のニーズに耳を傾け、つかんだ情報を上司や経営陣に伝える役割が求められるようになりました。そして多くの企業が経営改善の一つとして行き着いたのが、社員一人ひとりの自立を目指すシステムの構築です。つまりコーチングです。

一九八一年にスカンジナビア航空の社長に就任したヤン・カールソンも、このシステムを導入したことによって、当時赤字が累積していた会社を、短期間で再建することに成功した経営者の一人です。

カールソンの作戦は、中間管理職を、「指示・命令する人」から「社員を支援するコーチ」へと変身させることでした。

指示・命令で運営されている組織において、管理職と社員の関係は「支配する者」と「従属する者」です。当然、力は管理職に集中します。社員はただ上司が指示してくれるのを待ち、自ら動くことはありません。そのような組織では、理念も目標も、そして人も育たないのです。

「責任を負う自由を与えれば、人は内に秘めている能力を発揮する」

著書『真実の瞬間（MOMENTS OF TRUTH）』（ダイヤモンド社、一九九〇年）の中でカールソンが語るように、仕事を任され、自立を求められたとき、人は大いにその力を発揮し始めます。逆に言えば、管理職には、これまでの上意下達の指示・命令ではない他の対応が求められることになります。つまり、部下を上司の手足としてではなく仕事の主役として認め、よりよい仕事ができるよう援助し、彼らのパフォーマンスの向上を図るやり方です。

ビジネス界におけるコーチングは、まさに時代の要請を受ける形で成長していきました。

九〇年代前半になると、アメリカ人の同僚や友人から「私のコーチが……」という言葉を頻繁に聞くようになりました。

私も、自分が勤めていた会社の、アメリカ本社の経営責任者と打ち合わせをしているとき、「申し訳ない。これからしばらく電話でコーチングをするので、それが終わってからまた話そう」と言われたことがあります。当時、アメリカのビジネス界で、コーチングが日常となっていることに妙に感心したのを覚えています。

構造を変えても組織は変わらない

さて日本においても、九〇年代後半以降、多くの企業が組織のフラット化を実行しました。何層にも重なる管理職を減らし、市場の声がダイレクトに経営者に届くように組織改革が行われたのです。

ところが、その試みが必ずしも上手くいっていない組織があります。理由の一つは、自立のために援助を受けなければならない社員層が、十分な援助を受けていない、ということです。組織構造を変えても、管理の仕方がこれまでの指示・命令型管理から抜け出ていないのです。

一つ例を挙げます。

四〇〇〇人の社員を抱えるA社では、業績悪化のため、組織再構築の必要があり、まず管理職を減らしました。同時に、残った管理職の部下育成能力を強化したいと考えました。そのため、残った管理職は、現場のリーダーとして社員と共に働く位置に異動しました。上層部は、このリーダーたちに、一般社員を援助する役割を与えたつもりでいました。

ところが現場に下りたリーダーたちは、自分たちもリストラの一環として格下げされたと感じ、不満を募らせました。結局、コーチング能力も開発されないまま、彼らは上司の命令どおりにしか動かなくなってしまったのです。組織を再構築するはずが、かえって被管理社員を増やしてしまう結果になってしまいました。

このように、上司と部下の関係が「支配」と「従属」にあると考えられている企業では、力は支配する側にあり、従属する方はただ黙ってその指示を待つしかありません。

しかし、二一世紀のビジネス社会で活躍できる組織は、経営者も管理者も、部下と共に働き、部下のより良い仕事の実現を援助するコーチングマインドを持った組織です。上から下に命令するという関係ではなく、目標のために一丸となって援助し合うことのできる組織です。

ですからコーチ自身も、部下一人ひとりをチームの一員として位置づけ、どうしたら勝てるか、彼らがどんな援助を必要としているかを十分に汲み取る必要があります。参加意欲や責任感は、命令からは決して生まれません。つまり、部下との適切な人間関係を作る能力が求められるのです。

ところで最近、管理職研修の中にコーチングの技術を取り入れる会社が増えています。その技術が職場で生かされるかどうかは、コーチングマインドが組織全体に浸透しているかどうかによります。

ある中間管理職を対象とした研修で、参加者の一人がこう言いました。

「是非、このコーチングを自分の上司にも学んで欲しい。私が部下をコーチするだけでなく、私自身も部下としてコーチされたい。私が部下の可能性を信じて力づけているときに、私が上司に口うるさく言われてはたまりません」

コーチングは、技術である以上に組織の文化です。トップに始まり、組織全体にコーチングマインドが浸透しているとき、初めてコーチングの技術が活かされるのです。

企業文化としてコーチングマインドを根づかせることに関しては第2章で詳述するとして、その前に、コーチングの人間観について触れておきましょう。

コーチングの人間観

コーチングとは、ある人間が最大限の成績を上げるために、その人の潜在能力を解放することをいいます。そのためには、指導者は仕事のやり方を教えるのではなく、対象者が自ら学べるように援助しなくてはなりません。

ギャロウェイは、コーチングの本質をそのように定義しています。

少し例を挙げて説明しましょう。

たとえば、私たち一人ひとりは、まるで一粒の種のようなものです。種の中には、発芽、成長、開花、結実のすべての可能性がプログラムされています。たった一粒の種から、何年もかけて大木へと育ち、そのプロセスで多くの実を生み出す驚異の能力を秘めています。

ただし、大木へと育つためには、そのための環境が必要です。種がどんなに可能性を秘めていても、水が一滴もない砂漠のような環境では発芽することはできません。まったく光の当たらないところでは、発芽しても大きく育つことは無理でしょう。可能性を秘めたすべての人間には、能力を開花させ、結実に至らせる「環境」が必要なのです。

その環境を提供するのがコーチの仕事です。

そしてコーチには、コーチングの前提となる二つの「人間観」が求められます。

それは、相手をまず「能力を有する存在であると捉える」ということです。次に、「人はよりよく生きること、よりよい仕事をすることを望んでいる」ことをコーチ自身が知るということです。

たとえば、あなたは、毎朝の目覚めに何を感じていますか。「さあ今日も一日やるぞ」

とワクワクしながら起き上がるでしょうか。それとも「また今日もやらねば……」と重い気分と身体を抱えて起き上がるでしょうか。

人は、生まれた日から死ぬその日まで、特別な何かに取り組むことなくただ生き、ただ働くことは可能です。中には潜在能力を開花させるなど、訳の分からないことに無駄な時間を割《さ》く必要はない、と思っている人もいるでしょう。

しかし一方で、人間なら誰でも、特別な生き方を望んでいるのも事実です。ただ生きて生活する、ということ以上の毎日を望んでいるのではないでしょうか。たとえば仕事や子育て、それ以外の社会活動に自分を参加させ、何かに貢献できれば、私たちは自分の存在意義や働く意味を見出すことができるのです。そしてそれが、喜びを生み出すことを知っています。

つまり私たちは、自分が存在していることには価値があり、自分の存在が他人の役に立っていることを実感したいのです。

仕事においても同じです。私たちは、自分の能力を発揮したい、共に働く仲間の役に立ちたい、会社の役に立ちたい、そのために、よりよい仕事をしたいと願っています。コーチングの人間観をまとめると、次のように表現できるのではないでしょうか。

人は潜在能力を備えた存在であり、できる存在である
人はよりよい仕事をすることを望んでいる

ただ残念ながら、人はときとして自分の能力を過小評価し、自分がよりよい仕事をしたいと願っていることを忘れてしまうことがあります。

たとえば、部下が、思うような結果が出ないと相談にきたとします。部下があなたに「自分にはこの仕事が向いていない」「結果が出せず、やる気が湧いてこない」といった悲観的な言葉を並べたとしましょう。

このときあなたが相手を「できる存在」として捉え、「よりよい仕事をすることを望んでいる」ことを知って対応するのと、相手は「できない存在」だから「何とかしてやらなくてはならない」と捉えて対応するのとでは実に大きな差が出るのです。

相手を「できる存在」と捉えている人は、部下の話を聞き、相手のやる気を引き出すための魔法の言葉を使い、相手の自発的な行動を待ちます。すると部下は、本来の力を発揮するようになります。逆に相手を「できない存在」と捉える人は、相手に何かを教えるために説教をし、説得をします。そうなると、受身の部下が自ら気づくことはほとんどなくなります。

コーチングを機能させるコミットメント

本書で紹介するように、コーチングの技術を学ぶことは、それほど難しいことではありません。ただし、次章で述べるコーチングマインドを組織や環境に浸透させるには時間がかかります。経営者や管理者は、部下を援助する企業文化を作る必要があるからです。

また、人間は習慣の動物です。どんなに、「人間はできる存在である」「よい仕事をしたいと望んでいる」と頭で理解しても、これまで身につけてきた考え方ややり方と、異なる振る舞いをするためには、かなり意識して取り組む必要があります。それには「忍耐」と「柔軟性」が欠かせません。望んでいることが起こるまで待つ忍耐と、そのためには何でも試みようという柔軟性です。この二つを合わせて「コミットメント」とここでは表現しましょう。

管理職研修で、

「コーチングマインドを浸透させるには、うまくいかない習慣を変えることが肝要です。コミットメントが必要です」

と伝えると、参加者は「もっともだ」と言うようにフムフムとうなずきます。

頭でコミットメントの重要性を理解するのは簡単です。ところが習慣を変えるのはそれほど易しくはありません。分かっていても、つい言ってしまう、ついやってしまうのが現状です。

一つ例を挙げます。

私がコンサルティングをしているB社のある事業所で、グループコーチング(第4章参照)を展開していたときのことです。事業所長も同席し、課長代理クラス一〇名ほどが会社の業績にかかわるある重要な業務改善について会議をしていました。

コーチングを行った結果、実行プランも明確になり、それぞれの課題を担当した課長代理のやる気も高まっていました。活気あふれる会議の終わりに、一言力づけの言葉をいただこうと、事業所長に挨拶をしてもらうことにしました。

実はこれに先立ち、事業所長はある不安を抱いていました。それは、「話し合いにメンバーを参加させても、部下は積極的に意見を言わないのではないか」というものでした。なぜなら、日常の業務でも、B社には活発な議論がかわされる社風がなかったからです。当然、会議でも、上からの一方的な指示で話が終わってしまうのが慣例となっていました。

ただ、今回のグループコーチングにおいては、メンバーの活躍には目をみはるものがありました。いつもの沈黙の会議が嘘のように、解決のための様々なアイデアがメンバーの口から活発に飛び出していたのです。

　感動すら覚えた事業所長は、

「今日の会議は素晴らしい体験でした。一人ひとりのやる気を見るのはとても嬉しいし、これが実行に移されると思うともっと期待が高まる」

　と心に染みる挨拶を始めました。

　ところが、しばらくすると、

「決まったことは素晴らしいが、大切なのは、これが実行されるかどうかです。どんなに画期的な発想であっても、実行に移さなければ、結局この会議を開いたことも無駄になる」

　と、説教に変化していきました。横で聞いていた私ははらはらしてしまいました。部下たちも、所長の説教を聞きながら「またか」という表情に変わっていきます。

　たまりかねて、

「申し訳ありません。所長、ここにいる全員はやる気だという前提を思い出してください」

　と声をかけると、所長は、自分がいつもの「部下たちはやらないかもしれない」という否定的な見方になっていることに気づき、

「……と、講師がおっしゃるとおり、このくらい古い習慣を変えるというのは難しいということです、皆さん」

とその場を笑いに変え、一同は胸をなで下ろしました。

実際に、このチームは、これまで事業所の悩みの種であった事故発生時の対応力強化について六ヵ月間取り組み、めざましい業務改善の成果を得た、と事業所長から高い評価を受けました。

この後、事業所長は、部下の能力とやる気を心底信じることの難しさを語っています。また、部下の行動を待てずにせっかちな指示を出し、これまでどれほど彼らのやる気を奪ってきたかにも思いをはせていました。

部下の行動を待てずに口を出してしまう、代わりにやってしまう上司は多いようです。確かに、直接口を出さなければならないときもあるでしょう。しかし、今よりももっと「待つ」ことはできるはずです。ビジョンを明確にし、コーチングプランを決めたら、後は、コミットメントです。そして上司は援助に徹します。

「しかし、そうすると、部下からの報告が全然入ってこない」

そんなことはありません。これも、コーチングによって、部下が進んで報告したくなる環境（第2章参照）づくりが可能です。

そして、どのような場面においても、〝コミットメント〟がコーチングマインド浸透の条件となります。コーチングの導入は、ただその技術を学ぶことだけではなく、望んでいることが起こるまで粘り強く待つ忍耐と、そのためには何でも試みようという、柔軟性のある企業文化を社内に根づかせることでもあるのです。

コーチングの成果～コーチング導入のメリット～

(1) 企業において

さて、これからコーチングを導入しようとする企業にとって、その目的は社員のパフォーマンスの向上です。社員が智慧を絞って行動するようになれば、企業は大きな成果をあげることができます。そのプロセスで、またその結果として予測できるものをいくつか挙げてみましょう。

たとえば、社員一人ひとりが自立していない会社では、実に多くの無駄が発生しています。職場環境の整頓から始まって、業務改善、社員同士のコミュニケーション、会議にかける時間、会議の成果に至るまで、様々な無駄があります。

しかし、社員の自立が進んでくると、現状に対して自問自答したり、社員同士の話し合いが進むようになります。これが繰り返されると、硬直化した問題が次第に緩和されていきます。

「仕方がない」と改善を諦めたり、「誰かのせい」にして業務を放棄することが減ってきます。社員一人ひとりに判断力と決断力が養われ、問題解決能力が向上することで、最終的に商品やサービスの質も高まります。

コーチ自身にとってはどうでしょうか。実はコーチングを学ぶプロセスは、個人的な精神的基盤を強化する人間的成長のプロセスにほかなりません。それは、指導者自身が自己の現状に気づくことから始まります。

まずコーチは、コミュニケーションにおける自分の強みと弱みを知り、自分自身の言動を一致させ、矛盾を排除します。そして、願望に向かって前進する生き方を実現させていくのです。

詳しいプロセスは、第5章のセルフコーチングで紹介しますが、コーチ自身が人生において欲しいものを手に入れる状態を創ることができます。

コーチングには、組織内での協働意識に基づく日常的なコミュニケーションの他に、エグゼクティブ・コーチングと呼ばれるものがあります。これは幹部候補生に対し、個々のリーダーシップを一層強化するために用いられるコーチングです。

エグゼクティブ・コーチングが旧来の幹部養成講座と異なるのは、集合研修などで行われるような画一的なプログラムではなく、個々の現状に即し、個性に合わせたシステムであるという点です。それにより対象者は、自分の強みを活かしながら、堂々とプレゼンテーションできる能力や、難しい状況においても冷静に判断し対応できる能力、情報分析能力、決断力などを磨くことができるのです。

最後に、組織全体にとってはどうでしょうか。コーチングを導入すると業務の改善や売上の向上などが期待できます。また、業種によってはただちに売上が増加する場合があります。私もそのような企業をたくさん見てきました。

ただし大切なのは、いかに適切な売上を、長期にわたってコンスタントに上げ続けることができるかです。売上が急激に増加し、その後伸びなくなるようでは、効果的にコーチングが機能しているとはいえません。目に見える成果だけではなく、長期にわたって成果が安定する土壌づくりを目指す方が企業にとって健康的です。

(2) スポーツにおいて

私の友人の息子は小学生のころ、地域の少年野球チームに入っていました。友人は親の世話役として、毎週末子どもの練習につき合っていました。そこで友人が見た少年野球のコーチは、ミスのたびに怒鳴りつけ、子どもたちが伸び伸びとプレーするのを完全に妨げている指導者の姿でした。

子どもたちは、認められることがほとんどありませんでした。何をやってもダメだと言われ、混乱し、最後には叱られないようなプレーを心がけるようになっていたというのです。

「何のために野球をやっているのか、あれじゃ好きなものも嫌いになってしまう」と友人は嘆いていました。

コーチングのルーツの一つであるスポーツの世界でも、いまだに押さえつける強固な指導が通用しているのも現実です。

一九六四年、東京オリンピックで日本女子バレーボールチームを世界一に導いた大松博文監督はおそらく、スパルタコーチの代名詞だったのではないかと思います。ただ、彼には強力なリーダーシップがありました。

当時の日本は、近代国家の仲間入りを果たし、高度成長の入り口で国中が大きな期待にあふれていました。企業がより大きな成果を求め、すべての社員を叱咤激励したのと同じように、大松監督は世界一を目指し、その夢と力でチームを引っ張ったに違いありません。「根性」や「忍耐」が美徳とされた時代です。彼の生き方は、多くの日本人に影響を与えました。

ところが、彼の、「しごき」とも思える手段のみを真似した人も多かったのではないでしょうか。これこそがコーチのあるべき姿である、と勘違いした人たちによって、コーチングが受け継がれている側面も否定できません。

今、私が、この原稿を書いている部屋の向かいには、道を隔てて中学校の校庭があります。校庭では野球部が練習中です。「何をもたもたしているんだ。馬鹿やろう！」と、コーチらしき人の声が響いてきます。午前中ずっと、彼の罵声《ばせい》が響きます。

一方、二〇〇〇年のシドニーオリンピックで、女子マラソンの高橋尚子選手の快挙に私たちは燃えました。いまだに、彼女がサングラスを投げ、独走態勢に入ったあの姿をはっきりと思い出すことができます。彼女のコーチとして注目を浴びたのが、当時、積水化学女子陸上部の監督だった小出義雄氏でした。彼は、バルセロナ五輪の銀メダリスト、有森裕子選手のコーチとしてもよく知られています。電機連合の機関誌『WAKE』（一九九七年一〇月）のインタビューで、小出監督が、

「どうしたらそんなに強くなれるんやと聞かれるけど、別に特別なことをしているわけやないんです。少なくとも怒ったり、怒鳴ったりしたことは一度もありません」

と言うとおり、彼は選手に夢を持つことの大切さや、走ることの楽しさを教えることで、苦しい練習にも耐えうる精神を養っています。

しかし、小出監督が高橋選手のコーチングを手がけた最初のレースで、彼女の成績は惨《さん》憺《たん》たるものだったといいます。テレビのインタビューに答えた監督は、

「一〇〇〇本の可能性の糸があったとしたら、そのとき九九九本の糸が切れた」

と語りました。しかし、残りの一本に可能性を託し、高橋選手への指導が続きました。

まさに、「人は潜在能力を備えた存在であり、できる存在である」「人はよりよい仕事をすることを望んでいる」を知っている人の、コーチとしてのあり方を体現しています。さらに監督は、選手一人ひとりに対してコミットメントを持っているのです。

さて、時代の変化と共に、私たちの価値観も変わります。「おれについてこい」は大松監督の言葉でしたが、その時代の人たちは、そして選手たちは、そう言って強力に引っ張ってくれるリーダー的コーチを求めました。

しかし時代は変わりました。今、求められるのは、トレーニングのプロセスで自分の力を引き出してくれる、自分らしいプレーを引き出してくれるコーチです。

野球界にもサッカー界にも、個人の才能を発揮して、どんどん世界へと羽ばたく選手が増えてきました。彼らが世界へ挑戦できるのは、そこに、彼らの能力に合わせて、その価値を引きだしてくれた援助者がいたからでしょう。

さて、二〇〇二年の日韓共催ワールドカップで、ベスト4まで残った韓国サッカーチームの躍進は、私たちの記憶に新しいところです。オランダからやって来たヒディング監督が最初にチームと出会ったとき、彼が初めて言った言葉は、「さあ、みんなで世界をあっと言わせよう」だった、ということをテレビで見たことがあります。

終わってみれば、世界第四位の成績に私たちは「あっ」と言いました。選手に夢と目標を持たせ、そのことのために厳しい練習や試合にも耐える動機づけをした彼も、まさに名コーチの一人と言えるのではないでしょうか。

企業においては、上司と部下が共に働く仲間として、家族以上に長い時間を過ごすことがあります。そして多くの部下は、上司の指導力に期待を寄せています。もっと自分が活躍できる場を与えてほしいと思っています。

ところが、上司が自分のコーチとしての役割に気づかずにいると、部下の能力を伸ばすどころか可能性を閉ざしてしまうことさえ起こりかねません。もっと言えば、たった一人の上司との出会いが、人ひとりの人生を大きく変えることになるのです。

第2章

コーチングが発揮される環境とは

マネジメントとコーチング

コーチングは、対象者の可能性を開くためのコミュニケーション方法の一つです。対象者の主体性を奪わずに、一層のやる気と自主性を引き出すという意味で、同時にマネジメント手法の一つでもあるということができます。

時折、コーチングを新しいマネジメント手法そのものと誤解する人がいます。しかし、コーチングは万能ではありません。

たとえば、仕事のやり方を知らない人にコーチングはできません。知らない人には、ティーチング（教えること）が必要です。まず仕事の仕方を教え、組織のルールを教え、本人が目標を持ったときに初めてコーチングが可能です。

本来マネジメントとは、組織を維持するための「統率する行為」を指します。そのためには、指示・命令が必要となる場面がたくさんあります。ですから、コーチングを導入するということは、リーダーが統率をあきらめ、手放すことではありません。明確なマネジメントが存在する組織にこそ、コーチングは活かされるのです。逆に言えば、明確な枠組みの存在しない環境では、コーチングは機能しないのです。

たとえば、野球には「ルール」があります。ゲームをどうやるか、何をやってはいけないかが、ルールによってはっきりしています。参加者に共通概念としてのルールがなければ、ゲームそのものが成り立ちません。ルールによって規定され、ひとまとまりに統率されているからこそ、最高のゲームができるのです。同じように企業は、社員に対し、野球のルールに当たる「会社の枠組み」を明確に示す必要があります。

また、その枠組みを機能させるために、会社を始めとし、あらゆる組織には上下関係があります。つまり「統率している人間がいる」ということです。コーチングは、この上下関係をなくすことではありません。上司は、繰り返し、ゲームの仕方を部下に伝えなければならないし、親はその必要がなくなるまで子どもを導かなければならないのです。

このように、私がお勧めしているのは、「なんでもかんでもコーチング」でなく、どのような場面でコーチングが活用できるかを区別して理解しておくやり方です。

たとえば、業績管理における部下との話し合いの場、部下が問題を抱えて相談にきたとき、好業績の部下にワンランク上の目標設定を持たせたいとき、人事考課、会議など、問題解決や方向性について話し合うときには、コーチング的なアプローチが有効です。

また、複数人が参加する会議では、グループコーチングの手法を活用し、ワークアウトという技法によってチームに対するコーチングが可能となります（第4章参照）。

手放してはならない上司のプライド

本題に入る前に、上司のプライドについて触れておきましょう。

上司には、上司としてのプライドがあります。年長者として、また、職業的経験を積み重ねてきた者としてのプライドがあります。時折、「コーチングは対象者に迎合すること」と誤解する人がいますが、そうではありません。実践者としてのプライドのない人は、コーチングはおろか、上司として存在するのも難しいでしょう。プライドは、「やってきた」という実感と「できる」という自信に基づいています。

ただプライドは、ときとして自分と同じ基準で、つまり相手もできて当然という前提で部下を見てしまう危険が伴います。部下にとって、上司の基準は高すぎます。だからこそ上司は、部下のいる位置まで降りていく必要があるのです。

たまたま起こった重大な部下のミスに対して、「やってきた」「できる」人の位置から、「すぐに連絡して、約束を取りつけろ！」ではなく、相手の位置に降りてから、「できる」相手に「君ならどうすればいいと思う？」と訊ねるのです。

ただこれも、「とき」と「場合」によります。常に、冷静に部下の話を聞くことのできる上司であれば、「すぐに連絡して、約束を取りつけろ！」と怒鳴った方が、教育的効果が高まる場合がそれです。この場合、上司はコーチングにとらわれる必要はありません。

部下の重大なミスに対し、管理的立場から、臨場感を持って『即対応』する姿勢を伝えればよいのです。

重要なのは、上司は実践者、先導者としてのプライドを持ちながら、その上でコーチングを行わなければならないということです。仕事を通して何を実現したいか、なぜその仕事に取り組むのかを、熱意を持って明確に語らなければなりません。そして部下は、そのような上司についていくものです。

それでは本題の、コーチングが機能する「環境」について述べます。

組織でビジョンや価値が語られているか

一人ひとりのセルフコントロール（自律）を通して、社員に、自主的に責任が取れる働き方（自立）をさせることを、「エンパワメント」といいます。エンパワメントにより、権限を委譲された社員が、現場で直接問題解決を図ることで、業務の効率化と顧客への早い対応が可能になるのがメリットです。

エンパワメントによって、社員はその能力に応じて自由裁量で仕事をします。その場合、必要となるのが「判断の基準」です。社内に明確な判断基準があれば、社員は迷わず責任を果たすことができます。逆に基準が示されなければ、社員は自信を持って責任を果たすことが難しくなります。

その基準の中で、最も大きな枠組みを表現するものが組織の「ビジョン」です。ビジョンとは、組織が何のために存在し、何を目的としているのかという存在の根源にかかわる部分です。そして、「ビジョンを実現するプロセスで何を尊重するか」が組織の「価値観」です。たとえば創造性を大切にする会社は、「社員が自由に発想する場」を設けるでしょう。また顧客満足を大切にする会社は、常に「顧客の利益」を最優先するでしょう。

ビジョンや価値観、方向性がはっきり示されたとき、社員はそれにそって仕事上の決断をくだすことができます。換言すれば、社員に自主性を求めるのであれば、組織は社員に対して明確なビジョンや価値観、方向性を提示しなければならないということです。

次に、その組織で働く人々が、ビジョンにそって仕事をしているかどうかが問われます。特に部下は、上司がそれを実践しているかどうかを敏感に感じ取ります。上司の語っていることと、日常の行動とに食い違いがあると、部下は上司を信用しなくなります。

コーチングを導入すれば社員のモチベーションや成果が高まります。そうなると、逆に社員が会社の存在意義を問うようになります。つまり、会社のビジョンと自分の進む方向が同一のものであるかを見定めようとします。方向性が同じであれば、自分が働く価値のある会社と判断します。そのとき、仕事は自己実現の場となるのです。

企業は個人のビジョンを語らせているか

次に、社員個人はどうでしょうか。

伸びている企業の特徴の一つに、「社員一人ひとりがビジョンや夢を持ち、それが日常的に語られる雰囲気が社内にある」ということが挙げられます。そして、社員にビジョンや夢を語らせるには二つの段階があります。

第一段階は、「私はビジョンや夢を持っている」と、本人自らが気づくことです。人は、それぞれ夢や希望を持っています。こんなことが起こればいいな、こんな生き方ができればいいな、と思っているものです。

しかし現実には、日々の希望を、夢やビジョンとして自覚していない場合がほとんどです。希望があまりに漠然としていたり、希望を思い描いた瞬間に「そんなことは無理だ」と周りに否定されたり自己否定するからです。したがって夢は、言葉で語られる前に、心の中で自然消滅してしまうのです。

第一段階は、その夢を自然消滅させないよう、「確かに自分はその夢を持っている」と本人に認識させることです。

社員に個人の夢を自覚させることができれば、第二段階としてそれを語らせる状況を作ります。

具体的にどうなりたいのか、どうしたいのか、何を手に入れたいのか、何を創りだしたいのか、を部下に「言葉で表現させること」です。言葉にするプロセスで、漠然とした願望がより明確に形を為してきます。そして、「私はこうなる。これを手に入れる」と明言したとき、その夢が実現の力を与えてくれるのです。

ところで、中には社員が夢を語ったり、ビジョンを持ったりすることを怖れる組織があります。下手に社員が夢を持つと、「組織にとって都合のいい人」でいてくれなくなるからです。企業は力のある社員に対して、「組織にとって都合のいいように能力を発揮してほしい」と考えているからです。

しかし、人の持つ能力は、その人が夢に向かったときに発揮されるものであって、会社にとって都合のいい目標を与えられたときに出てくるものではありません。したがって、力のある社員は、自分の夢に向かって会社を辞めてしまうという不安定な構図ができあがります。

ある経営者C氏はこう言います。「コーチングによって自分のビジョンが明確になり、とても満足しているのだが、社員に、個人的なビジョンを語らせることにはためらいがある」。

理由は、先ほども述べたとおりです。社員が本当にやりたいことを見つけてしまうと、その願望を実現させるために会社を辞めてしまうのではないかと恐れているからです。

しかし、よく話を聞いてみると、その不安は、社員が個人的なビジョンのために会社を辞めてしまうからではなく、自分のビジョンが社員の心を捉えられないかもしれない、という自信のなさから発生していることが分かりました。そのことに気づいたC氏は、不安を解消するために、行動を起こしました。行動とは、ただビジョンを持つだけでなく、そのビジョンを具体的な方向性や戦略に落とし込み、部下が魅力的だと感じるような伝え方を心がけたのです。

もし、組織や経営者が、人の心を動かすことのできるビジョンを持っていれば、社員一人ひとりがビジョンを持つことに、怖れを感じる必要はありません。組織のビジョンと個人のビジョンの接点はどこかを、部下とじっくりと話し合えばいいからです。

基本的に人は、自分が向かう方向に関係するものにしか興味を持ちません。ですから、双方のビジョンに何らかの接点が見出せれば、個人は自分のためだけでなく、組織のためにもその能力を発揮しようとします。

組織にとって都合のよい部分だけに、部下の答えを求めるやり方では、コーチングの浸透を望めないばかりか、組織を発展させることはできないのです。

コーチングは「できる」ことを「できる」に任せることですが、部下の力を結果に結びつけるためには、部下本人の意思や夢もないがしろにはできないのです。

コーチングがうまくいく組織は、したがって、懐《ふところ》の深い組織であるということができるでしょう。社員が個々のビジョンを語れるようになったとき、それを受け止められる大きな器を持った組織（環境）が必要です。そして、私の経験では、その器とは必ずしもビジョンの大きさではありません。ビジョンに対する経営者や管理者のコミットメントの強さにあるようです。

コミュニケーション環境の整備

伸びる企業の特徴に、個人のビジョンを挙げましたが、もう一つ、「社内のコミュニケーション環境が整備されている」ことが挙げられます。

コミュニケーション環境が整備されているかどうかは、実はその組織が明確な枠組みを持っているかどうかを物語る一つの材料になります。

しかし、そのコミュニケーションで苦労する組織はたくさんあります。というより、ほとんどの組織がそうではないでしょうか。

にもかかわらず、何の手も打たないまま、「コミュニケーションは難しい」と時間とエネルギーを無駄に使っているのが現状です。

　果たして、コミュニケーションの問題は、組織にどれほどの無駄を生み出しているでしょうか。想像してみてください。もし、日々の出来事から、コミュニケーションの問題がなくなったとしたら、今よりもっと仕事がはかどり、あなたのストレスは大幅に軽減されるのではないでしょうか。もちろん、問題を解決する中で人や組織は育っていくわけですから、一概にその時間を無駄とは言えません。しかし、無駄を最小限にする努力も必要です。

　人間関係の弊害を取り除き、快適な環境を整えると、時間やエネルギーの無駄がなくなります。そして、本来従事すべき業務にその時間を活かすことができます。

　そのためには、職場の人間が価値観を共有し、「共通言語」を増やす必要があります。共通言語の多い組織では「〜のつもり」「〜じゃないの」「たぶん〜」に代表される憶測や推測が少なく、全員が同じイメージを持っています。

　それによって、互いにコーチし合えるというオープンな気風が生まれやすくなります。また、そういった組織では、コミュニケーションというソフト面だけではなく、その環境を搭載するハード面の整備も同時に進みます。ハードとはつまり、指示・命令系統のハッキリした組織構造です。

私がコーチしている、D社の例を挙げてみます。この組織は、『社内コミュニケーションの心得』を作成することによって、環境の整備をハード面から改善しました。その一部を紹介しましょう。D社は、運送業を営んでいます。

〔D社の社内コミュニケーション心得〕

① 上司からの伝言や指示は、内容を確認し理解した後、メモをして、すぐに報告をすること。

② 業務上の話し合いや打ち合わせの際、次の行動が明確になるまで話し合いを切り上げてはいけない。

③ 相手の解釈に任せず、自分の意思表示をはっきりする。

④ 常にプロ意識を持って、自ら意思決定を行うこと。自信のないことは、質問や相談をすること。ただし同じ質問、相談を繰り返さないよう心がける。

⑤ 担当業務の引き継ぎは、同僚または部下に引き継ぐことを原則とし、〝とりあえず仕事〟は次に取りかかる行動が明確になってない限り引き受けない。また、〝不良品〟も受け取らない、次の人に渡さない。気づかずに受け取った場合は、元の人に戻すこと。

⑥ 他人の言葉や行動を第三者に伝える場合は、
・事実と自分の解釈を分けて、はっきりと伝える。
・本人の意図を最優先し、誤解の生じないよう伝える。
・情報不足により、解釈の相違が生じた場合は、伝えた者が自ら誤解を解消する。

〈注〉
・とりあえず仕事……「とりあえずやっておいて」に代表される、目的が不明確な仕事。
・不良品……とりあえず仕事を含む5W2Hの不明確な仕事。
WHEN〔いつ〕・WHERE〔どこで〕・WHO〔誰が〕・WHAT〔何を〕・WHY〔何のために〕・HOW〔どのように〕・HOW MUCH〔いくらで〕

④に従えば、たとえば接客中、社員は自ら意思決定することを求められます。ところがある社員に自信がなかったとしましょう。特に新人は、自分の考えが会社の方針に合って

いるかどうか確信の持てないことが多くあります。その場合、彼らは、まず先輩や上司に相談をします。相談を受けた上司は、相手が既に教育を受けた内容を質問しているのであれば、「あなたはどう思う？」と逆に聞き返します。

それに対し部下は、自分の考えを述べ、「それでよい」と上司から確認を受け、最終的な意思決定をします。双方の考えに食い違いがあったり、部下の考えに誤りがあった場合は、部下は上司からフィードバック（第3章で詳述）を受け、変更を加えた後、改めて意思決定をします。そして①に従って必ずメモを残します。

D社の例は、社員同士の曖昧なコミュニケーションを避け、上下関係に左右されず、自己裁量によって業務にあたることを目的とした環境整備の心得です。事実と感情を区別し、個人的感情によって仕事に支障をきたさないという意図が明確にあります。

実際この心得は、社員だけでなく、社長も管理職も従うものとして位置づけられていま す。つまり、社内のコミュニケーションに関しては、この『心得』こそが、社長を含むすべての社員の〝ボス〟なのです。上司といえども、〝不良品〟を部下に出すことは許されず、したがって部下も上司に仕事を返すことができます。

このように、基準がはっきり示されている組織では、問題が起こったとき、基準にそって問題解決にあたることができます。同時に、噂話による人間関係の乱れなど、コミュニケーション上の問題を未然に防ぐことも可能です。

『社内コミュニケーションの心得』の導入は一つの例です。他にも、コンピュータや携帯電話などを活用して、情報の共有化を徹底している組織もありますし、定期的に意見交換の場を設定している組織もあります。

これらの努力は、結果として、組織の上下関係や個々の価値観の違いなどに仕事の邪魔をさせない、無駄のない合理的な職場環境を提供しています。

実は、コミュニケーション環境の整備は、本来マネジメントの仕事です。組織内にこのような環境を作り出すことで、組織の枠組みを作ります。その枠組みが組織に浸透してくると、枠組みにそわないコミュニケーションは受け入れられなくなってきます。

そのような組織においては、コーチングの導入や浸透は非常にスムーズに行われます。ゲームのプレーの方法やルールが明確なスポーツの世界で、コーチングがうまく活かされているのと同じ原理です。

人はただ働くだけだと元気がなくなる

コーチングが機能しやすい環境づくりの中で、非常に重要なものとして、「対象者の役割を明確にする」ことが挙げられます。それは、組織や部門の使命（ミッション）や、その使命を具現化する目標を掲げることで、社員の役割を具体化するということです。

たとえば、私たちは、幼い子どもに、「新聞を取っていらっしゃい」と仕事をさせることがあります。もしそこで、親が「ありがとう。お陰でお父さんは起きてすぐに新聞が読める」と子どもの仕事を位置づけると、それはただの仕事ではなく、使命を帯びた〝役割〟となります。

つまり、仕事とは、「役割を果たすためになすべき具体的な働き」を意味します。私たちは、ただ働くだけでは楽しくありませんが、何かの役に立っているという気持ちがあれば、多少の苦労も受け入れることができます。さらに、その役割を果たすためには、何が必要かを考えるようになります。

たとえば、「言ったことはきちんとやるが、それ以上にはやろうとしない」という、管理職からよく聞く部下への愚痴は、指示を出していても、役割を明確にしていない結果の表われではないかと思われます。

はっきりとした役割が与えられると、人は自分の存在意義を明確に感じるようになります。つまり、組織の中に自分の〝居場所〟ができるのです。居場所があるということは、責任が伴います。責任を求められることこそが、人が組織に所属する根本となるのです。

責任を与えられた人は、「組織に自分の存在が認められた」と自覚し、いきいきと活躍し始めます。

逆に、役割が明確でなければ、居場所がはっきりしないわけですから、集団への参加は楽しいものにはなりえません。

かつて、若いコンピュータ技術者に、うつ傾向になる人が多いという話を聞いたことがあります。私の知人は、地方の大学を卒業して、首都圏の大手家電メーカーのコンピュータ技術者として就職したある若者の世話をしていたことがありました。地方に住む両親に頼まれて、相談相手になっていたようです。

あるときその若者から、具合が悪いと連絡がありました。会社の寮へ行ってみると、かなりひどい精神状態で、早速医師に相談するよう手配したそうです。

その若者はまじめでよく働く人でした。彼は、職場で日々決まった業務を繰り返しているだけでした。しかし役割を与えられることなく、ただただ仕事をこなすだけの毎日に、彼は無力感にとらわれ、自分を見失っていったようです。

これは極端な例かもしれません。しかし、組織に所属する者にとって役割とは、アイデンティティーを確立できる一つの重要な要素です。有能でやる気のある人なら、役割が明確でなく、責任の所在もハッキリしない組織では、働く気が起こらないでしょう。このようにして、優秀な人材を失う組織も少なくないはずです。

また、役割を明確にするもう一つの利点は、役割分担によって社員同士の責任の所在を明確にし、組織のグレーゾーンをなくすことにあります。役割がハッキリせず、グレーゾーンの多い組織では、まとまりが悪く、非生産的なやり方が繰り返されます。そうなると、チームとしての機能が果たせず、成果の上がりにくい組織になってしまうのです。誰の肩にも乗っていない不明瞭な仕事が、組織のやる気を奪ってしまいます。

報告・連絡・相談が上手くいかない、というのはその一つの症状です。部下は、報・連・相をしたくないと思っているわけではありません。役割が明確でないために、自分が報告する主役であるという自覚が持てないでいるのです。

「目標」と良好な関係を保つ

ここまでコーチングに必要な環境として、組織および個人が明確なビジョンを持つこと、社内のコミュニケーションを円滑にすること、そして部下の役割を明確にすることを書いてきました。最後に、目標設定の重要性について述べることにします。

私が企業のコンサルティングをしていて思うことは、年度初めに立てた目標をその後まったく無視してしまう組織が非常に多い、ということです。販売会社や営業部門においては、これは最重要課題であるはずですが、それでも達成に向けての管理がなされていない組織があるのは驚きです。ましてや販売部門のない組織では、目標設定は「新年度の儀式」でしかないようです。

たとえばある医療機関Eのヒューマンスキル研修を行っていたときのことです。私は、各人の今年度の目標は何かを訊ねてみました。するとほとんど全員が、「目標は立てたがその内容は覚えていない」と言います。上司と話し合って目標を記入した書類は、上司が保管しており、内容は忘れてしまったというのです。したがってこの組織では、毎年立てる目標を、一年間の育成の道しるべとして位置づけていないことが分かります。

目標を立て、達成のために努力するとき、人は成長します。ですから、目標設定は形骸化させないことが重要です。

ところで、あなたは目標を設定するのが好きでしょうか？

この質問に対して、「はい」と答えた人は、これまでの人生で目標を味方にしてきた人です。反対に「いいえ」と答える人にとって、目標は「ねばならない」重荷だったのではないでしょうか。組織や人の成長にとって、目標は不可欠です。そして目標を、組織と個人の成長を期待し、ワクワク感を生むものとする位置づけが重要です。

今までできなかったことができるようになった、去年より多く売り上げた、より多くの人に出会った、新しい技術を身につけた、資格試験に合格した、やってみたいと思っていたことが実現した――。このように、前進している自分を体験できることはすばらしいことです。しかも、それらが偶然あちらからやってきたのではなく、自分が目標として掲げた結果手に入ったのですから、これほど心躍るものはありません。

ところが残念なことに、目標とあまりよい関係にない人がいます。目標を設定することに、「ねばならない」と義務感を背負ったり、ノルマを与えられると感じてしり込みしてしまうのです。これは、人によって動機づけの要因が異なることから起こってくると考えられます。ある人は、目標があれば達成を目指して頑張ります。目標志向の強い人です。そのような人は目標達成が何より好きです。

ところが、ある人にとっての目標は、達成するよりもむしろプロセスを楽しみたいものであったりします。たとえば、そのプロセスで他人と共に力を合わせて働く充実感を得たい、などです。

そのような人に、「とにかく達成だ」と目標をハンマーのように振りかざし、追いかけるとどうなるでしょうか。もともと達成で動機づけられるタイプの人ではないだけに、目標自体が嫌になってしまいます。

コーチングが機能する組織では、まず目標を持つことの重要性が対象者全員に理解されていることが必要です。同時に、人によって目標とのつき合い方が異なることが許容され

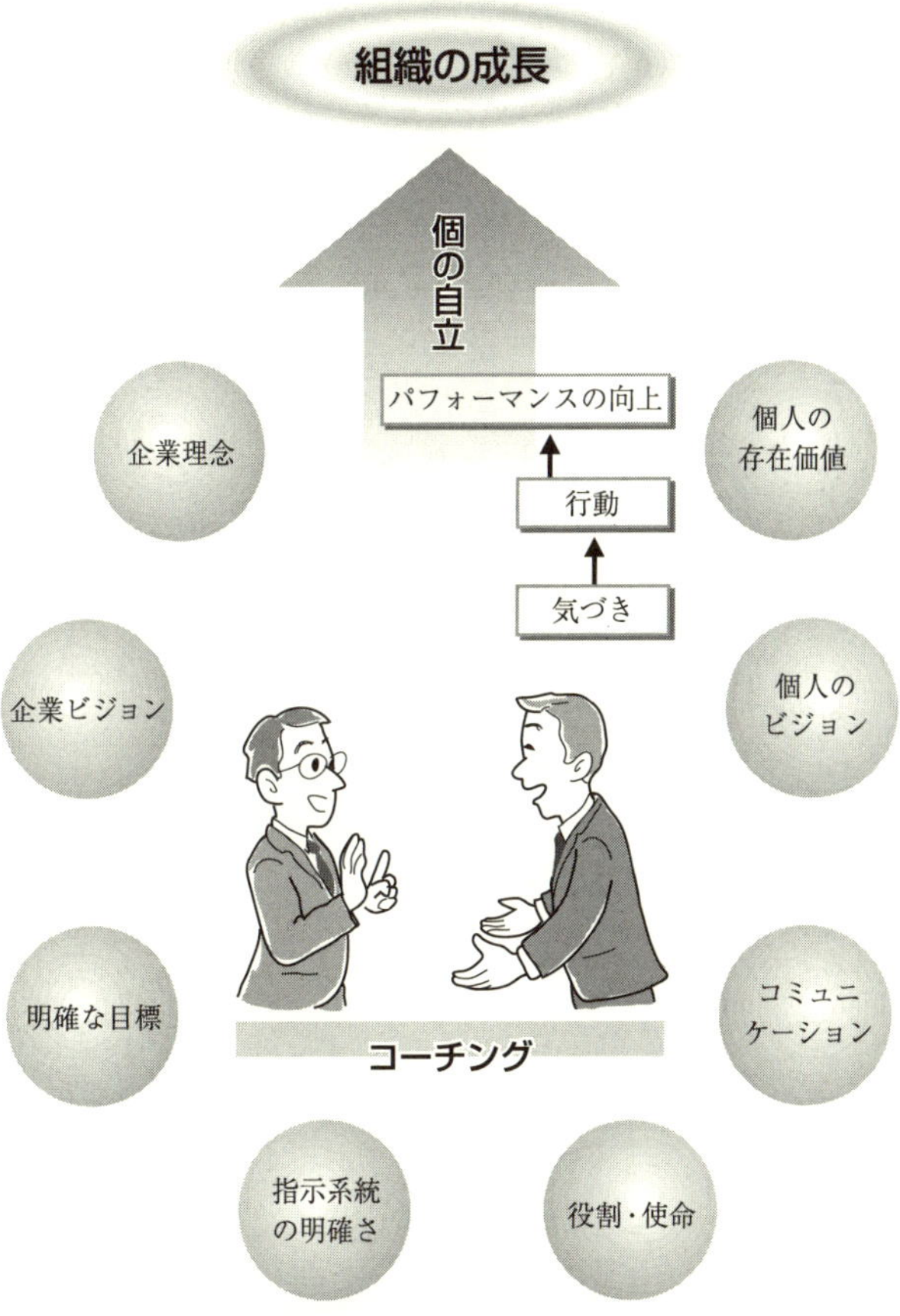

コーチングマインドの醸成
コミュニケーション環境の充実

る環境でなければなりません。

ですからコーチは、一人ひとりに異なるサポートをする必要があります。たとえ上司の仕事が部門の目標を達成することだとしても、部下を見張って仕事をさせるだけでは不十分です。目標を上手く位置づけ活用することで、部下は目標との関係をより生産的にすることができるようになります。

このように、目標達成とプロセスを活用して、社員の能力を伸ばす意識の高い組織ほど、コーチングが導入しやすい組織であるといえるでしょう。

コーチになるための自己変革

さて、コーチングは誰にでもできるものかと聞かれれば、私はイエスと答えます。プロフェッショナル・コーチとして活躍するとなると話は別ですが、日常で人の役に立てる場面はたくさんあります。となると、コーチングは誰にでも学んでいただきたいコミュニケーション技術です。そしてまた、コーチングを学ぶプロセスは、自己変革のプロセスでもあります。

『ジャック・ウェルチのＧＥ革命』（東洋経済新報社、一九九四）で著者ノエル・Ｍ・ティシーとストラトフォード・シャーマンは、ウェルチが実行したゼネラル・エレクトリック社への変革と同時に、ウェルチ自身の自己変革についても語っています。

「ウェルチは当初、拡声器を持ち、自分について来られない部下をどなりつけていたようなものだったが、その後、他人を助けるために（ほんの一瞬ではあるが）すすんで立ち止まるコーチへと、成長していったのである」

そして、またあるマネジャーはこう語っています。

「私は、ウェルチが生まれ変わるのを、いや彼のルネッサンスとも言うべきもの、彼の身に起こった変化のすべてを見てきた。私は、ウェルチを生まれ変わらせた要素が何なのかまったく知らないし、それが何であっても興味はない。しかし、私はそのことが起きたことを、たいへん嬉しく思っている。彼は一九八一年当時とは違った男になっているのだ」

おそらくウェルチは、コーチングの技術を学んだわけではないでしょう。しかし、彼にはGEの変革という大きな目的がありました。その目的を達成するためには、「境界のない組織」を実現する必要がありました。経営者とマネジャーの間に、マネジャーと社員の間に、組織のあらゆるところに存在する〝境界〟をなくし、市場が必要とする企業の実現のために、社員が対話のできる環境を社内に求めたのです。

その過程で、彼には、相手を尊重し、サポートするコーチングマインドが不可欠でした。結果的にウェルチは、コーチとして成長しました。そして社内には、「境界のない組織」が実現されたのです。

　コーチングを学び、様々な場面で応用するとき、それは単にスキルを使うということにとどまりません。

　何のためにコーチングを学ぶのか、それによって何を成し遂げたいのか。まずは指導者自身が個人レベルで目的を明確にすることが大切です。そして、その目的にそって生きること、過程における自己変革こそがすべてを可能にする鍵となります。

　また、コーチングは上司が部下に、親が子にというように、上から下への技術とは限りません。部下が上司をサポートするため、子どもが親に何かを伝えるときにも有効です。相手をサポートしようとする気持ちが、働きやすい組織や、一緒にいて喜びの感じられる関係を創るのです。理想的な組織や関係を目指し、一人ひとりがその実現を可能にするコミュニケーション方法を選ぶとき、それこそがまさにコーチングマインドにあふれた人間関係であるといえるのです。

　人を育てるのは上に立つ者の仕事、と決めつけるのではなく、育てるプロセスで自分も一緒に育とうとする意識がコーチングの基本的な考え方であり、環境づくりの第一歩なのです。

　それでは、いよいよコーチングの実践へと本書を進めましょう。

第3章 コーチングの技術

コーチングプロセスのデザイン

コーチングは、指導の場面であれば、どのようなときでも行うことができます。目標達成のためのサポートコーチング、相手が問題を抱えてやってきた場面でのコーチング、成果を上げている相手への飛躍のためのコーチングなど、状況は様々です。

たとえば、部下の目標達成をサポートする場合は、まず初めに年間を通したコーチングプロセスをデザインすることが効果的です。次に挙げるのは、販売会社F社のある店舗で導入されたスケジュールです。

この店舗では、昨年度はどうにか販売目標を達成することができました。ところが、今年に入ってメーカーからの要求が強くなり、本社を通じて、前年度より一割以上も売上目標が上乗せされることが決まりました。従来のやり方では、とうてい目標の数字を達成することができません。そこで昨年度から新しく着任した店長は、コーチングを取り入れ、営業マンに対して万全のサポートで取り組むことにしました。

最大のネックは、歴代の店長が強力な指示・命令によって経営をしてきたことです。徹底した指示・命令に慣れた社員は、新店長にも同様の対応を望みました。確かに、命令されることが習慣となった社員にとって、上司の言いなりに動くことは非常に楽なことです。

ところが新店長は、そのやり方には限界があると感じていました。

トップとして明確な方針を立てることは重要ですが、命令でしか営業マンが動かないようでは、先へ先へと手が打てないため、これまで以上の成果を上げたり、質の高い仕事は望めないというのです。

店長は、五ヵ月間かけて自分自身がコーチングを学び、並行して社員にも新しいコミュニケーションスキルで接してきました。当初は、なかなか上手くいきませんでした。本人に考えさせようとする店長の姿勢に、社員が抵抗を示したからです。

しかし、社員一人ひとりと根気よく会話を重ねた結果、ようやく社員が自分の考えを語り始めるようになりました。社員の自立が進み始めたことを感じた店長は、業績アップの準備を進めるために、来期に向けてのサポートプランをデザインしました。（　）内は対象者です。

Ⅰ　全社員ミーティング　①次年度の売上目標の発表
（全社員）　②店長のビジョンと方針発表

Ⅱ　個別ミーティング　①目標設定のためのコーチング
（営業マン）　②具体的なプランの策定

③コーチングに基づくコミュニケーションに馴染ませる

III　ミーティング（営業以外）
①営業の目標達成をどうサポートできるか、各自の業務の範囲で検討する

IV　ウィークリーミーティング（営業マン）
①毎週一度、営業マン全員で成果を振り返り、次週のプランを立てる

V　個別コーチング（営業マン）
①個別コーチングを行う
②プランの再策定

VI　四半期ごとのミーティング（社員全員）
①全体の進捗状況を把握
②成績優秀者の承認
③今後のプラン策定

I～VIまでを三ヵ月ワンサイクルとして、コーチングプランは策定されました。これ以外にも、店長が必要と感じたコーチングは随時行います。

さて、店長が重視したことは三つあります。第一に、コーチングに基づくコミュニケーションに社員を馴染ませることです。それによって、一層の自立を促進し、責任を持って顧客に対応できるようにします。第二に、個別コーチングをまめに行うこと。第三は、

個々の成果のみならず、店舗全体に一体感を創り出すことでした。

一回の個別コーチングの所要時間は三〇分とし、時間内で終えることを原則とします。そのために、普段から店長は一人ひとりをよく観察し、あらかじめ情報を分析しておくことを決めました。

この販売店のように、コーチングプロセスの全体像を描くことは重要です。一定のシステムによって、組織が進むべき方向ととるべき指針が示されるからです。

コーチングの基本プロセス

ここからは、一回のコーチングで行われる基本的なコーチングプロセスを紹介します。その後に、この流れにそった会話例を挙げます。

1 ラポールの構築

対象者に対し、普段から関心を寄せていることを示しておきます。特に、会話を始める時点で、相手に注目していることを知らせます。ラポールについては、後ほど詳述します。

2 会話への導入

たとえば、「仕事の調子はどうですか」「A社への企画書づくりは進んでいますか」など、この導入で相手はコーチングを受ける態勢に入ります。

3　現状の確認

現在の状況を確認します。あくまでも事実確認を中心に話を進め、それに対して対象者がどう感じているのかを訊ねます。留意点は、相手とその状況を十分に理解することです。

4　問題・課題の特定

対象者が問題を抱えている場合は、何が問題かを特定します。特定されなければ問題解決はできません。同時に、特定を間違えるとコーチングの焦点がずれてしまいます。相手の話にじっくりと耳を傾け、現状を正確に把握し、その上で問題を特定します。特に問題がない場合も、成長課題を探索し、特定します。

5　「望ましい状態」をイメージする

問題を解決した後、どのような状態になることが望ましいかを対象者と確認します。つまり、対象者の目標を明確にするということです。コーチは、目指す状態を具体的に描きます。

6 解決法の検討

問題を解決するために必要なことは何か、どうすれば問題が解決できるかを話し合います。

7 課題を達成するためのプラン作成

6W2Hに沿って、ゲームプランを作成します。

WHEN〔いつ〕・WHERE〔どこで〕・WHO〔誰が〕・WHOM〔誰に〕

WHY〔なぜ〕・WHAT〔何を〕・HOW〔どのように〕・HOW MUCH〔いくらで〕

8 プランの確認

3から7までのコーチングを振り返り、取り組みへの意志を確認します。

9　力づけ

相手が行動を起こすことに対してエールを送ります。

10　フォローの約束

会話の終了がコーチングの始まりです。一定の結果が見えるまでサポートが続くことを相手に知らせます。具体的には、次にいつ話すかなどが決められます。

このようにコーチングは、ある程度の手順に従って進められます。では実際に、次のようなケースが発生した場合、どのようにコーチングを展開すればよいのでしょうか。

まず、コーチングができていない例、続いて基本プロセスにそってコーチングをした例を紹介します。（会話中の番号①〜⑩は基本プロセスのステップをあらわしています）

部下が問題を抱えて相談にきたとき

〔ケース〕

木内さんがP社に納入した機械に問題が発生し、早急に修理をすることになった。ところが修理台数が多い。修理期間中、P社は一〇台の代替機を用意してほしいと要求してきた。木内さんはすぐに一〇台の代替機が揃えられるかどうかが心配だ。

[部下をできない人と捉え、上司が問題解決の主役になっている例]

木内「課長、P社の件なんですが」
上司「ああ、あれどうなった？」
木内「早急に修理に入ることになりました。それが、全部代替機を入れてくれって言うんですよ」
上司「うーん、まあもっともだけど、全部で何台あるの？」
木内「一〇台です」
上司「一〇台か。用意できるの？」
木内「いえ。今、うちのサービス部門で保管しているのは、せいぜい三台じゃないかと言うんです。それにP社の担当者が、かなりうるさく言ってきているんです。故障が多すぎるって。どうしたらいいでしょう」
上司「どうしたらって、それを考えるのが君の仕事だろう。倉庫の方も調べたのか？　サービス部門は何と言ってるの？」

木内「ええ、ですから、三台ぐらいしかないと。それ以上は話にならないので、まず課長に相談してからと思って」
上司「おいおい、頼りにならないな。サービス部門で保管しているのと、倉庫にあるのと、他の客先から引き上げられるのもあるんじゃないか？　営業二課が押さえてるかもしれないぞ。聞いてみたか？」
木内「いいえ、営業二課はまだです」
上司「いいよ、二課には僕が話すから。とにかくサービス部門とは、もう一度よく話し合ってみろよ。まず、かき集めてもらって何台用意できるかだな」
木内「はい」
上司「期限は？」
木内「三日以内に完了できればいいですね」
上司「とにかく君の担当のお客様だ。ここできちんと誠意のあるところを見せなきゃな。頼むよ。すぐ調べて報告してくれ」

ここでは、部下はただの〝メッセンジャーボーイ〟です。お客様と、上司と、他部門の間を回って情報を集め、上司の指示どおりに動くだけです。これでは、部下の自主性もやる気も育ちません。それだけでなく、仕事のやり方さえ学べません。

［部下をできる人と捉え、上司がサポートしている例］

木内「課長、P社の件なんですが」

上司「この間、君が話していた修理の件だね。どうなった？」①②

木内「早急に修理に入ることになりました。しかしP社は、全部代替機を入れてくれって言うんです」

上司「うーん、まあもっともだけど、全部で何台あるの？」③

木内「一〇台です」

上司「一〇台か。用意できるの？」④

木内「いえ、今、うちのサービス部門で保管しているのは、せいぜい三台ぐらいじゃないかと言うんです。それに、P社の担当者がかなりうるさく言ってきてるんですよ。故障が多すぎると。どうしたらいいでしょう」

上司「そうか。どうしたらいいだろう？　まず君の考えを聞かせてくれよ。先方のピンチを救えるのは君だよ」⑤

木内「ええ、そうですね……。まず、なんとしても一〇台の都合をつけたいと思います。

担当者としての信頼を取り戻します。そうしないと、今後の取引にひびきますから
ね」

上司「そうだな。具体的には？」⑥

木内「サービス部門が保管している三台と、それから、他の部門にも声をかけてみようか
と思っています」

上司「営業二課に聞いてみたかい？　何台か押さえているんじゃないかな」

木内「そうですね。課長、二課に聞いてみていただけませんか。課長からお話しいただい
た方が早いかも知れません」

上司「かまわないが、お客様の状況をよく知っているのは君だから、二課の課長に君から
話してみてはどうだろう。口添えするから」

木内「そうですね……。分かりました。じゃ、私から話します。もし、お願いすることが
あればまたそのときに」

上司「うん。それで一〇台すべて集まるかな？　他はどうだろう」⑥

木内「ええ、他のお客様のところに、返却予定日を過ぎたものが結構あるんじゃないかと
思います。交渉して、何台か引き上げられれば、それをP社に回せますよね」

上司「なるほど、その辺も調べてみるか。ところで期限は？」⑦

木内「三日以内に完了できればいいですね」
上司「それじゃ、今日と明日で段取りだ」⑦
木内「そうです。手際よくやらないと間に合わないのでちょっと心配なんです」
上司「そうだな。どんな動きをすれば、間に合わせられるだろう？」⑧
木内「まず、すぐに社内の情報を集めます。それによって今後の動きを決めたいと思います」
上司「分かった、頼むよ。今日はずっとオフィスにいるから、僕にできることがあったらすぐに声かけてくれ」⑨
木内「ありがとうございます」
上司「また後で話そう」⑩

これがコーチングの一連の流れです。それでは実際に、コーチングに役立つ基本的な技術を紹介しましょう。

相手の心を開く「ラポールの技術」

コーチングが人間の可能性を開くためのコミュニケーション技術であることはすでに述

べました。そこで、コーチングの際に重要となる「コミュニケーションの基本」を最初に確認しておきます。

コミュニケーションの基本は〝ラポール〟です。ラポールとは、「心の架け橋」という意味で、親密さや信頼感をあらわします。

仲のよいカップルが、話をしている風景を観察してみてください。動きがとても似ていることに気づきます。一方が身振り手振りを交えながら話していると、もう一方も同じような表情と動きで応えています。これは、両者の間にラポールが築かれていることを意味します。

ここでは、ラポールが築きやすくなる二つの方法を書きます。まず、「ミラーリング」です。

(1) ミラーリング

「ミラーリング」とは、鏡に映したように相手と同調した動きをすることを言います。たとえば表情豊かな相手と会話をするとき、こちらも表情豊かに話すことでラポールは築きやすくなります。

同時に気をつけなければならないことは、それが、ただ単に相手の真似をすることではないということです。ロールプレーでラポールの体験をしていると、よくこんなコメントがあります。

「これは、ときには相手に失礼にならないだろうか」

そのとおりです。あなたの目の前で、あなたの動きをそのまま真似る人がいたら、あなたは「馬鹿にされている」と感じるのではないでしょうか。

ミラーリングは、ちょうど息の合ったペアが、一体となってダンスを踊るように動きを合わせることを言います。

私はよく台所でこれを感じます。ラポールを築いていない相手と、狭い台所で働くときは、互いの動きが邪魔になります。冷蔵庫を開けようとするこちらの動きと、鍋を取り出そうとする相手の動きが妨害し合うからです。

ところがラポールを保っている相手だと、打合せをしたわけでもないのに動きが調和して、どんどん作業がはかどります。

会話においてラポールを築こうとするときは、まず視線を合わせます。次に相手の動きを観察し、大まかな動きに合わせてみてください。動きの大きな人ならこちらも動きを大きくし、あまり動きのない人ならこちらも動きを少なくします。

他にも目の高さを合わせるなど、効果の高いやり方があります。

たとえばディズニーランドでは、子どもと話すとき、スタッフは膝を折って子どもの目線に自分の目線を合わせます。

また、私の研修を受けたある若い看護師は、患者とのコミュニケーションがどうもスムーズにいかなかったため、患者から信頼されている先輩の真似をしたところ、最近はとても調子がよいと話してくれました。彼女が真似た先輩の行動は、横になっている患者と自分の目線の高さが合うように、ベッドサイドでかがむことでした。

動きを合わせる、視線を合わせる、目線の高さを合わせる。簡単な動作で、相手は違和感を味わうことなく、あなたを自分と「似た者」と感じ、親近感を覚えます。

(2) ペーシング

このように、身体の動きを合わせることを「ミラーリング」と言いますが、それ以外に、話し方――速度、リズム、抑揚、声の大きさ――を合わせることもできます。相手の息にペースを合わせる「ペーシング」です。相手がポツリポツリと話す人なら、こちらもその速さに合わせて話を聞きます。また相手が早口なら、こちらの相づちもスピード感を持って打った方が、相手はよく聞いてもらっていると感じることができます。

特にコールセンターなどの、電話で仕事をする人にとって、ペーシングは重要な技術の一つです。お客様は目の前にいませんから、声と話し方だけで相手と会話のダンスを踊ることになります。逆にお客様の立場から見ると、電話で話せば相手が訓練を受けている人かそうでないかはすぐに分かります。なぜなら訓練を受けていない人（受けているのに定着していない人）は、相手の話に自分の言葉をかぶせてきたり、話が中断してしまうような言葉を使うからです。そのため、相手をとてもイライラさせ、ラポールを築くことを邪魔します。

他にも、話題にペーシングをすることができます。

A「ねえ、昨日、話題の『行列ができるトンカツ屋』にトンカツを食べに行ったの。美味しかったよ」

B「そう、私、トンカツは好きじゃないの。揚げ物は胃にもたれるから」

これではラポールは築けません。

A「ねえ、昨日、話題の『行列ができるトンカツ屋』にトンカツを食べに行ったの。美味しかったよ」

B「そう！　私、揚げ物って苦手だけど、そのお店は美味しいの？」

相手の話題に息を合わせることで、苦手なトンカツがテーマでも、ラポールを築くことはできます。

あるいは、相手の感情や雰囲気にペーシングすることもあります。相手に元気がないときは、相手の肩をバンバン叩いて「元気出せよ！」などとやるのは逆効果です。そんなときは、こちらも控えめにそっと声をかけます。

実はこういったことは、私たちが日常の中で無意識にやっていることです。たとえば、人の結婚式に参加すると、本当はあまり幸せな気分ではなくても、満面の笑みで「おめでとう。お幸せに」と祝福します。その場にいる人たちの気分に息を合わせてペーシングしているのです。そうすることで、おめでたい結婚式の雰囲気と一体となることができます。

以上のように、相手の気持ちにそう意識がラポールを生み出します。そのとき、相手はあなたに対して心を開いてコミュニケーションを図ろうとします。コーチングの基本は、相手をコーチしてやろうという高い位置からではなく、同じ位置にいて相手の話を聞こうとするものでなくてはなりません。

「聞き」を妨げる『きき耳』

コミュニケーションの基本であるラポールが理解できたら、次に「聞く技術」に進みます。

そもそも、人の話を聞く、特に相手が聞いてもらっていると感じる聞き方とは、どのような状態を言うのでしょうか。私たちは、相手の話を聞いているつもりでも、相手の答えを聞く前に話し始めたり、こちらの意見を押しつけたりすることがよくあります。

実はそれには理由があります。少し長くなりますが、重要な概念なので説明します。

私たち人間の思考には、「観念」というものがあります。観念とは、人それぞれが持つ独自な物の見方、考え方、価値観等の総称です。私たちは知らず知らずのうちに、観念の眼鏡をかけて生きています。自分の観念にそって、物事を見たり判断したりするのです。

これを、「聞く」という行為に当てはめてみます。

それはまるで、「翻訳機」のようなものです。普段、私たちは、観念という名のフィルター（翻訳機）を通して、相手の言うことを勝手に聞き、解釈し、判断しています。

私たちはよく、「聞き耳を立てる」という表現をします。相手の話をよく聞こうと耳を澄ますさまを言います。ところがその「耳」には、人それぞれの「聞き方」があります。ですから「聞く耳を立てて」聞こうとすればするほど、観念という翻訳機が作動してしまいます。

そこで本書では、一般的な表現とは逆の意味で、自分勝手に聞いてしまう翻訳機つきの耳を『きき耳』と呼ぶことにします。

それぞれが持つ独特な『きき耳』のせいで、私たちは相手が話し始めるのをじっくり待つことができません。さらに、自分の観念に合わないことを他人から言われると、翻訳機の「違う、違う。そうじゃない」というささやきが、「待つ」態勢から、「攻め」の態勢へと私たちを駆り立てます。

では実際に、どんな『きき耳』を持っているのか、調べてみましょう。メモ用紙を一枚とペンをご用意ください。

対応のパターン

このチェックでは、親子の会話を例題に使います。たとえば上司が部下と話すとき、上司はある程度自分をコントロールしています。内面《うちづら》と外面《そとづら》を使い分けて部下に対応することが多いからです。ところが、相手が自分の子どもの場合、心を許しているため、ホンネが出やすくなります。実はこのようなときの方が、『きき耳』は作動しやすくなります。言い換えれば、『きき耳』に気づきやすいということです。

子どものいない人は、自分に子どもがいると想像して次の〔状況〕を読んでみてください。もし、あなたが親だったら、あなたはどう対応するでしょう。

〔状況〕

あなたには中学三年生の子どもがいる。子どもはちょうど高校受験を目前に控えている。子どもはこれまでずっと、まずまずの成績を取ってきた。

さて、通学圏内には、子どもの学力に合う学校が二校あり、A高校はかなりレベルの高い進学校で、地元でも優秀な子が集まる学校である。一方のB高校は、A高校よりはレベルは落ちるが、それでもやはり地元では評価の高い学校だ。

受験日が同じなので、どちらかを第一志望に選ばなければならない。A高校を選択すれば、当然合格率は下がる。しかし親としては、将来のことも考え、子どもがA高校に進学してくれることを望んでいる。その思いは本人も同じだ。

担任の先生とも相談を重ね、子どもはA高校を目指すことにした。偏差値からすると合格圏内にはいるが、まだまだ気は抜けない状態だ。ただ本人も頑張っているようなので安心していた。

ところがある日突然、子どもが真剣な面持ちでこんなことを言い出した。

「お父さん（お母さん）、A高校にするって言ったけど、B高校にしようと思うんだ」

突然であなたは非常に驚いた。

(1)親のセリフ

実際にこのような状況が起こったとしましょう。このときあなたは、何と言うでしょうか。冷静にじっくり考えずに、あなたの子どもが目の前で「A高校にするって言ったけど、B高校にしようと思うんだ」と言っている姿を想像してください。

普段のあなたなら何と言いますか。とっさの反応を、メモ用紙に書いてください。セリフで書きます。こんな具合にです。

「おまえ、突然何を言い出すんだ。何かあったのか？　A高校はおまえ自身の希望なんだぞ」

考えずに書いてください。セリフが書けたら次に進みます。

(2)子どもの感じ方

次は、あなたがその子ども自身になる番です。

あなたは希望のA高校を目指して頑張っています。楽勝とはいかないのは分かっていますが、なんとしてもA高校に合格したいと願っています。ただ、ときどきフッと不安になることがあります。「大丈夫かな？　もしダメで、第二希望に行くくらいなら、最初からB高校にしたほうがいいかもしれない」。そう思うこともあります。

そんなある日、あなたは親に「A高校にするって言ったけど、B高校にしようと思うんだ」と言ってしまいます。なぜそう言ったのか？　理由はあなたなりに考えてください。勉強に疲れた、A高校に受からなかったらと不安になった、何でも結構です。とにかく親と話したいと思い、親に声をかけました。

そしてあなたのセリフの後、親はあなたにセリフ（あなたが親としてメモにしたセリフ）を言いました。さて、もしあなたが親にそう言われたらあなたはどう感じるか、実際に想像してみてください。

ここで、これまでによくあった例を左表にまとめてみました。

パターン	親の反応	子どもの感じ方
質問型	「なぜ？　どうして？」	「なぜって言われても嫌なものは嫌なんだよ」
脅迫型	「A高校にしたいって言ったのはおまえだぞ。後になって後悔しても知らないぞ」	「相談するんじゃなかった」

非難型	「え!? 今ごろになって何言い出すの」	「だから相談しているじゃない」
否定型	「今ごろダメだよ。もうA高校って決めたんだから」	「やっぱり聞いてくれないか」
詮索型	「何かあったの。この間の模擬試験の結果を気にしているの?」	「そういうことじゃなくて」
ごまかし型	「お前、疲れたんだよ。気晴らしが必要だ。たまには皆でドライブでも行こうか」	「分かってないな」
肯定型	「お前の進学だ。自分のいいようにしなさい」	「……(余計に不安になる)」
説教型	「今さら何を言ってるんだ。自分が決めたことじゃないか。一	「それができればやってるよ……(後は聞いていない)」

	度決めたら迷っても初心を貫く。それが大事なんだ。自分を信じて、自信を持って前進しろ」	
命令型	「今さら文句を言うな。とにかく勉強しろ」	「聞いてよ……」
忠告型	「もう一度よく考えてみたらどうだ」	「そう思うから声をかけたんだよ」
激励型	「そんなこと言わずにがんばってよ。あなたなら大丈夫」	「もっとがんばるの？」

親としてのあなたのセリフは何型でしょうか。そして、そのセリフを親に言われた子どものあなたは何を感じたでしょうか。

コミュニケーションの本来の目的は相互理解

再び、あなたは親の立場になります。子どもが受験間際になって急に進路を変更したいと言ってきたとき、親としてのあなたはどう感じたでしょうか。ここでは、ほとんどの人が、「本来の子どもの希望にそって、第一希望のA高校に行かせてやりたい」と思います。これが普通、親が望むことです。そこでとっさに出てきたセリフを言うわけです。

しかし、「本来の子どもの希望にそって、第一希望のA高校に行かせてやりたい」という思いが、ここでは親の『きき耳』です。この『きき耳』を通した親のセリフは、どうしても「目指せ、A高校。頑張れ我が子」になってしまいます。

一方、子どもの反応はどうでしょうか。先ほどの表を見てください。これまで多くの人たちと実験を重ねた結果、ほとんどの場合、子どもの反応は否定的でした。「聞いてくれない」「分かってもらえない」「余計に不安になった」「反発を感じた」「そうでもなかったのに、絶対B高校にしてやると思った」「親には言ってもダメだと思った」などです。

親は、決して間違った方向を目指してはいません。ところが、子どもの反応は肯定的ではありません。ここにあらわれた親子の意識の溝は何でしょうか。

それは、親自身がコミュニケーションの本来の目的を取り違えていることにあります。

子どもが自分の進路の変更を申し出たとき、親が最初にすべきことは、子どもの真意を理解することです。

子どもがそう告げる本心は何か、そのことを言い出した背景は何か。そのとき初めて、子どもの側にも親の気持ちを理解する余裕が出てきます。このことを理解しない限り、物事を前進させることはできないのです。

しかし大抵の親は、自分の『きき耳』に気づかずに反応をしてしまいます。そして自分の思いを優先させた親は、子どもの中に否定的な感情を引き起こしてしまうのです。

さてこの実験では、ごく少数の人たちが、例外的に子どもからよい結果を引き出すことに成功しています。それは、相手を理解したいという気持ちで「どうしたの？」と優しく聞いたり、静かに「もっと詳しく聞かせてほしい」などと言う場合です。それ以外は、ほとんどが「子どもの希望にそって、第一希望のA高校に行かせてやりたい」という親心と反対の結果を生んでしまいます。

実験でも分かるように、『きき耳』で聞いて、すぐに反応すると、こちらが願ったような結果は得られないのです。

『きき耳』を回避する傾聴法

さて『きき耳』をもとに反応すると、多くの場合、求める反応が相手から得られないことが分かりました。では、対応策はあるのでしょうか。

私たちから『きき耳』を取ることはできません。すでに『きき耳』が私たちの一部だからです。ここでは『きき耳』を回避し、相手を理解するための聞き方を紹介します。

(1)バックトラッキング

バックトラッキングとは、相手の話の中からキーワードを見つけ、そのキーワードを繰り返す質問の方法です。その際、声の調子を合わせるとより効果的です。

子ども「お父さん(お母さん)、A高校にするって言ったけど、B高校にしようと思うんだ」

親　「A高校にするって言ってたよな。B高校にしたいのか?」

子ども「……って言うか、なんか、大丈夫かなって心配で」

この親は、まず『きき耳』を回避するために、ただ子どもの言葉を繰り返しています。自分の言葉を繰り返された子どもは、理解されたと感じ、自分の本音を語りやすくなります。子どもの不安に耳を傾けることは、最終的に相手を力づけることになります。このような場面で、まさに親のコーチとしての役割が果たせます。

さて、これを職場の例に置き換えてみます。まず、『きき耳』で相手の話を遮断してしまった例と、次にバックトラッキングを用いた例、最後にコーチングに発展させた例を挙げます。

〈きき耳で相手の話を遮断する例〉

上司「S社の企画書、できているか？」

部下「いえ、まだです。例のクレーム処理で仕事が遅れてしまって……」

上司「クレーム処理は、企画書ができない理由にはならんぞ」

部下「ええ、それは分かっていますが……」

最初の質問に対し、部下は自分の現状を話しました。しかし、上司は部下の言い分を間髪を入れずに否定しました。部下の状態に対する思いやりが感じられません。

理由にならないと言われ、部下は怒りを抑えています。もし今後、企画書について悩んでも、この上司にはもう相談したくないと思うでしょう。この状態では、コーチングは成立しません。部下が上司をコーチとして受け入れない限り、コーチングは不可能です。

〈バックトラッキングした例〉

上司「S社の企画書、できているか?」

部下「いえ、まだです。例のクレーム処理で仕事が遅れてしまって……」

上司「あのクレーム処理か」

部下「ええ、大変なんです」

上司「うーん、そうか、大変だよな。企画書の方はどうしよう?」

部下「それなんですよ。今夜、なんとかたたき台を完成して帰りますから、明日、フィードバックしていただけますか。明日中には仕上げたいんですよ」

まず上司は、キーワードである「クレーム処理」をバックトラッキングし、部下の状態を受け取っています。上司に理解されたと感じた部下は、自発的に企画書に取りかかります。このようなとき部下は、喜んで上司と対話したいという気分になります。

〈コーチングへの展開例〉

上司「S社の企画書、できているか?」

部下「まだです。例のクレーム処理で仕事が遅れてしまって……」

上司「あのクレーム処理か」

部下「ええ、大変です」
上司「うーん、そうか、大変だよな。企画書の方はどうしよう？」
部下「それなんですよ。今夜、たたき台を完成して帰りますから、明日、フィードバックしていただけますか。何とか明日中には仕上げたいんですよ」
上司「うん、頼むよ。ところで、クレーム処理は大事だけど、他の仕事も遅れないようにするいい方法はないかな。クレームのたびに君が大騒ぎしていたんじゃ、他の仕事が進まないだろう？」
部下「ええ、僕も何とかしなきゃいけないと思っています」
上司「話し合ったほうがよさそうだね？」
部下「はい。来週、S社の訪問の後、時間をいただけますか」

上司は、『きき耳』を回避しバックトラッキングするだけでなく、部下を悩ませている根本的な問題に切り込んでいます。そして、部下自身が問題を解決するという、コーチングに展開することができます。

(2)【BUTからANDへ】

さて、相手の話を受け入れて傾聴しているとき、相手があなたの意見とまったく異なる意見を言ったときはどうすればよいでしょうか。まず例を見ます。

〈相手を否定する例〉部下のアイデアを即刻却下

部下「契約の数を増やすためには、とにかく企画書をいっぱい出すことですよね。数を出せば、契約に結びつく確率も増えますから」

上司「でもね、数を出したからといって契約になるとは限らないよ。相手のニーズに合わないものをいくら出しても、契約にはならないだろう」

部下は企画書の数を増やすという独自のアイデアを出しています。ところが上司は、部下のアイデアを「でもね（BUT）」と否定しています。「企画書を数多く出しても契約になるとは限らない」という上司の『きき耳』が、否定的な言葉となってあらわれています。部下は内心なんとなく気まずい思いをします。これが続くと、部下は自分のアイデアを言わなくなります。

このように、相手の意見を「だけど（BUT）」で否定してしまうと、相手は話す意欲をなくします。ただ、「よく聞く」ということは相手に同意や迎合をすることではありません。そのまま聞いていると、同意していると思われる可能性も高くなります。

その場合、共感を生みながら自分の意見を伝え、なおかつ相手の口を閉ざさせない方法を使います。

「でもね（BUT）」を「こういうのはどう（AND）」に変えてみてください。

〈相手を否定せずに別の見方を提案する例〉

部下「契約の数を増やすためには、とにかく企画書をいっぱい出すことですよね。数を出せば、契約に結びつく確率も増えますから」

上司「そうだね、企画書が増えれば、契約の可能性も高まるよね。こういうのはどうかな。数は多くなくても、相手のニーズにぴたりと合った企画書を作るのは。そろそろ、君はその段階にきていると思うよ。そんな企画書づくりに挑戦してみないか？」

この例では、上司は「でもね」と相手の意見を否定せずに、「そうだね」と一旦受けとめ、バックトラッキングしています。そして、「こういうのはどう？」と自分の意見を述べています。そうすることで、やる気をキープさせたまま、企画書を数多く出すことより、お客様のニーズに合ったものを作るよう自然と動機づけしています。

相手と意見が異なるとき、どのように相手を受け入れながら自分の意見を述べているか、あなたのコミュニケーションをチェックしてみてください。

「でもね（BUT）～」×
「そうだね、でもさ（YES＋BUT）～」×
「そうだね。こういうのはどう～（YES＋AND）」○

『きき耳』を回避できるようになれば、聞き手としての、周りからのあなたへの評価は大きく変わるでしょう。聞いてくれる人、受け入れてくれる人、受け止めてくれる人、これらの評価を得ることができれば、コーチとしてはよい始まりです。次に必要なのは、深めてくれる人、気づかせてくれる人という評価です。

質問の技術

誰かと話をしているときに、いつもならそこまでは話さないのに、つい本音を語ってしまった、という経験はありませんか。ラポールが築かれているとき、人は心を開いて無防備になれます。そこで相手から何を引き出すかは、質問次第です。質問は、コーチングの最大の技術の一つです。

ではなぜ質問が重要なのでしょうか。ここで、「命令される」と「質問される」の違いからこの問題を考えてみます。

まず質問は、相手に考えさせる機会を作ります。たとえば上司に、「お客様に対応するために、君は何をしたらいいと思う?」と質問されると、部下は考え、具体的なアイデアを出そうとします。そして部下は、自分が出した結果には責任を持とうとします。具体的な結論を持っている人は、そうでない人に比べてやる気や自覚が生まれやすくなります。何より部下は、上司が一緒に考えてくれていることで安心することができます。

ところが「君の仕事だ、責任を持ってお客様に対応しなさい」という命令だと、「責任」が具体的にどのような「対応」を示すのか分かりません。そのため命令された部下は、どうすればよいのか分からなくなります。ここに、「命令」と「質問」との大きな違いがあります。

そこで、次に積極的に聞き、対象者を育てる質問の仕方について学びます。質問が役に立つ五つの場面を想定し、それぞれの対処法を書きます。

（1）相手が無口なとき
（2）創造的な考えを引き出したいとき
（3）気づきを引き出したいとき
（4）相手の本音を聞きたいとき
（5）細部を明確にしたいとき

（1）相手が無口なときの質問

生まれつき無口な人などいない、と私は思っています。彼らには無口になる環境があっただけです。喋らなくてもよい環境や、喋らない方がよい環境の中で生きてきたのです。しかし周囲が、「この人は無口だから」と決めつけてしまうと、その人は永遠に無口な状態から抜け出ることはありません。

無口な人の問題は、本人からのアウトプットがないため、周囲との交流が難しくなる点です。自分のことを語らないので、人は彼を理解することができません。その結果、チームとしての仕事が難しくなります。

相手が無口なときは、相手から話してくれることを期待するのではなく、積極的な質問を通して会話を展開します。

特に、相手へのペーシングを意識しましょう。相手にペースを合わせて、質問をしたら、答えが返ってくるまで待ちます。注意したいのは、せっかちにならないということです。それではさらに相手を無口にしてしまいます。

また、答えにくいものや質問が難し過ぎても逆効果です。

〔質問ポイント1〕　閉ざされた質問だけでは、相手の口数は少なくなる

「君の実家は秋田だったね」「はい」

「ラーメン通だって聞いたけど、ラーメン好きなの?」「はい」

「英検一級を受けるって言っていたけど、受けたの?」「はい」

〝閉ざされた質問〟とは、「はい」「いいえ」で答えられる質問や、あまり考えなくても答えられる質問です。時折、部下に何を質問しても反応がない、と嘆く上司がいます。しかしその質問は、閉ざされたものが多いのではないでしょうか。「打合せしたか?」「企画書できたか?」「A社に電話したか?」。これでは上司が欲しい情報を求めているだけで、会話をしたがっているという気持ちは伝わりません。

〈質問ポイント2〉　開かれた質問は、相手の口を開かせる

「君の実家は秋田だったね」「はい」「秋田の美味いものって何?」

「ラーメン通だって聞いたけど、ラーメンが好きなの?」「はい」「お勧めの店を三つ挙げるとしたらどこかな?」

「英検一級を受けるって言っていたけど、受けたの?」「はい」「今回の出来はどうだった?」

開かれた質問とは、聞かれた側が考えを述べやすい質問です。聞き手のための質問では

なく、会話のための質問をしてみてください。

〔質問ポイント3〕　大きすぎて答えにくい質問は、相手をより無口にする

「君はこの会社で何をしたいの？」

「今年一年を振り返って、君の働きはどうだったか、自己評価を聞かせて」

「なぜこの企画のリーダーに立候補したの？」

〔質問ポイント4〕　こま切れの質問は、答えやすく話しやすい

「君が入社してこの課に配属になったとき、一番興味を持った仕事は何だった？」

「今年一年を振り返って、まず君の中心業務である電話の対応率がどうだったかを聞かせてほしい」

「何に、一番興味を感じて、この企画のリーダーに立候補したの？」

(2) 創造的な考えを引き出したいときの質問

コーチングの醍醐味は、相手が「どうせダメだろう」とあきらめていることや、「そんなことはできない」と決めつけている否定的な考えさえも突破し、自由な発想を生み出さ

せることです。

〔質問ポイント5〕　攻撃的な否定質問は、相手の自由な発想を邪魔する

「なぜそれはできないの」

「どうしてはっきり意見を言わなかったの」

〔質問ポイント6〕　肯定質問は、積極的に考える姿勢を促す

「どうやったらそれはできるかな」

「何があったらはっきり意見が言えただろう」

〔質問ポイント7〕　仮定の話で相手の制限を突破する

「もし君が人事権を持っていたら、このプロジェクトでは誰と一緒に仕事がしたい？」

「もしA社の部長が、喜んでうちの商品を買うとしたら、それはどんな条件が満たされたときだろう？」

「もし君がわが社でどんな仕事をやってもいいと言われたら、君は何をやりたい？」

「反対意見があって実施をためらっているみたいだけど、もしそれでも実施に踏み切った

ら、どんなことが起こるの？」
「もし君が相手の立場にいたら、君はどうすると思う？」

(3) 気づきを引き出したいときの質問

「気づき」とは、意識上にない情報を、無意識のレベルから探り当てた状態です。ところが、その発見を邪魔するものが、周りからの過剰な情報や押しつけです。次に相手の気づきを引き出すための会話例を紹介します。

〔質問ポイント8〕　相手の情報をゆっくり引き出す

上司「山下さん、ちょっとお話しできますか」
山下「あ、はい」
上司「昨日、クロコダイルのバッグをお求めになった若井様というお客様のこと覚えている？」
山下「はい、もちろんです。覚えています。若井様が何か？」
上司「実は、あなたの対応に問題があると言って、店長が随分お叱りを受けたようなの」
山下「え、本当ですか。なぜでしょう？」

上司「若井様がおっしゃるには、あなたが押しつけがましかったということなのよ」
山下「そうですか。いや、僕はそんなつもりじゃなかったのですが」
上司「熱心なのはいいけど、度が過ぎると嫌なものだ、とおっしゃったそうよ」
山下「そうですか」
上司「どう？　接客中に若井様の様子で何か気づいたことなかった？」
山下「いいえ、正直言って僕は夢中でした。初めて対応させていただいたので」
上司「そうよね。初めての上顧客の対応って、緊張するわよね。昨日の対応を思い出してみるといいと思うの。何か学べることがあるかもしれない」
山下「そうですね。（情景を思い出しながら）……そう言えば、クロコダイルを見たいとおっしゃったのでお見せしているとき、途中からなんだか声がイライラした感じになりました」
上司「イライラした感じ？　何だったのかしら」
山下「ええ、……多分……、僕ちょっと焦って、『これはどう、これは……』と商品を次々に並べてしまったのかもしれません」
上司「そう」
山下「ええ、若井様は自分のペースで商品をお選びになりたかったのではないでしょうか」

上司は、間を置きながら、山下さんが記憶をたどるのをゆっくり待ちました。ただ「なんだったのかしら」という質問を投げかけられただけで、山下さんは自分の無意識の中へと情報を探しにいくことができます。そして、昨日の光景をもう一度振り返りました。その絵の中では、若井様がちょっとイライラした様子でした。何が若井様をイライラさせたのだろう。そのとき「気づき」はやってきます。これで山下さんは自分で改善策を見つけ、次回から若井様に対してよりよい対応ができます。

ところが、もし上司が、「対応に何か問題があったようだけど、あなた何をしたの？」と攻撃的な聞き方をしたらどうでしょうか。同じく「質問」をされているのですが、山下さんは自分の無意識の中を探すことをやめてしまいます。それは、上司が、山下さんに何か問題があったという見方で彼と接しているからです。「相手の様子をよく見て対応しないとダメよ」などと説教しても、山下さんが素直に自分の記憶をたどるのを邪魔してしまうだけです。

〔質問ポイント9〕　相手が省略している言葉を訊ねる

対象者「どうもその辺がハッキリしないんですよね」
コーチ「ハッキリしない、というのは誰にとってハッキリしないのですか?」
コーチ「その辺、というのは具体的に何のこと?」

〈質問ポイント10〉　言葉の意味を訊ねる
対象者「今、一番重要なのは、一人ひとりが柔軟に対応することでしょうね」
コーチ「柔軟な対応というのは、たとえばどのようなことを言うのですか?」

〈質問ポイント11〉　判断基準を訊ねる
対象者「彼は自信がないんですよ」
コーチ「何をもって、彼に自信がないと判断しているのですか?」

〈質問ポイント12〉　一般化していることを具体化する
対象者「皆そう思っているんですよ」
コーチ「皆とは誰のことを指すのですか?」

（4）相手の本音を聞きたいときの質問

相手に本音を語らせるコツは、質問者自身が本音で語ることです。コーチが自分から心を開かなければ、相手はなかなか本音を言ってはくれません。つまり、コーチングもできないわけです。

〔質問ポイント13〕　本音は本音を呼ぶ

「実は、今日は君の本音が聞きたくて誘ったんだ。新しい仕事の進め方なんだけど、僕は～と考えるんだ。君の考えを聞かせてくれないか？」

「答えにくいかもしれないけど、是非、あなたの考えを参考にしたいの。私としては～でやりたいんだけど、どうも反対が多くて決めかねているのよ。あなたはどう思う？」

〔質問ポイント14〕　相手の本音を恐れない

上司「実は、君が会社を辞めたいと言っていると聞いたよ」
部下「あ、そうですか」
上司「僕は何も聞いていないけど、もし本当なら、何か役に立てることがあるかと思って」

部下「辞めたいというのは、半分本当で半分愚痴です」
上司「と言うと？」
部下「ええ実は～」

〔質問ポイント15〕　相手が無意識に避けていることを訊ねる
「今日は～についての話が出なかったけど、結果はどうだったの？」

(5) 細部を明確にしたいときの質問

〔質問ポイント16〕　適切な疑問詞を使って質問する
「いつ」「どこで」「何を」「どんなやり方で」等の疑問詞を使うことで、相手の考えの細部を明確にすることができます。ただし、「なぜ」という質問は、その後に否定的な意味合いが続く場合が多いので、注意してください。

「どういう理由でそうなったのですか？」

「いつ始めるのですか？」

「誰に援助をしてもらう予定ですか？」

「どのくらいの予算を用意していますか？」

「なぜそうするの」→「そうする理由（根拠）は何？」

待つ〜沈黙の技術〜

ここまで、質問の技術について書いてきましたが、質問をしていながら相手の答えが待てない人がいます。たとえば、次のような会話は、日常的に繰り返されているのではないでしょうか。

上司「今日はね、今回の企画に対する君の考えをじっくり聞きたいと思っているんだ」
山田「はい」
上司「企画が上手くいくかどうかは、僕たちの足並みが揃っているかどうかだ。君は他のメンバーに不安があると言ってたよね。あれはどういうことかな？」
山田「え、そうですね……」
上司「まあ、気の合う仲間とだけ仕事をするのは、組織で働いている限り難しいと思うんだよね。僕なんか、入社五年目のときにさ〜」

この後、上司は陶酔したように自分の体験談を話し続けます。こういう上司に限って「昨日は山田君とじっくり話せてよかった」などと思っていたりします。

質問をしたら、その後は黙って相手の答えを待ちます。ただ、こちらが質問をしてもすぐに答えが返ってこなかったり、相手が沈黙してしまう場合があります。そのときは相手の沈黙が何を意味しているのかを考えます。

①質問の意味が分からず答えられない
②質問の答えを探している
③見つかった答えを、どう言えば伝わるかを考えている
④答えは分かっているが、何らかの理由でそれを口にしたくない

いずれにしても相手の沈黙を恐れないことです。私たちがすぐに話そうとしてしまうのは、沈黙を恐れているからです。相手の本心が測れず、なんとなく気まずい雰囲気になるのが嫌なので、先に話をしてしまうのです。

ラポールを築くことができれば、沈黙は怖くありません。こちらが沈黙を居心地悪く思うのと同じように、相手も同じ思いでいるからです。一瞬、我慢をして待てば、相手は自然に話し始めます。そうすれば、おのずと相手の沈黙の意味が分かってきます。

話題集中法

もう一つ、私たちが待てない理由の一つに、「人間の話す速さは、聞く速さよりはるかに遅い」ということがあります。したがって、相手が話をしているとき、あなたは聞きな

がら他のことを考える時間が十分にあります。

ただ、その間あなたが何をしているかが問題です。その余裕を、どう使うかが、優秀な聞き手とそうでない人の分かれ目です。そして、聞き下手な人は、相手の話題とまったく関係のないことを考えるためにその時間を費やすことが多いようです。

部下「次回のミーティングで、経費をどう節約するかについても皆で話し合いたいのですが、うちの部門の節約に関しては～」

上司「(ミーティングでね……、そうだ！　ミーティングといえば、来月の役員とのミーティングで使う資料づくりは進んでいるのかな？　後で確認しなければ)」

このように、内心まったく別のことを考え、なおかつ相手の話についていくことは十分に可能です。ところが残念なことに、相手はあなたの心がここにないことに気づいています。つまり相手は、あなたに話を聞いてもらっていると感じることができないのです。

最悪のケースは、話の最中に「あ、ちょっと失礼」と遮り、近くにいる別の社員に「若月君、来月の役員ミーティングの資料だけど、どこまでできているか後で確認させて。(部下に向き直って)ごめん、今の話だけど～」などと別の話をはさんでしまうケースです。「失礼」と「ごめん」でサンドイッチすれば大丈夫と思っているようですが、普段からこのような会話をする人は、やはりコーチとしては信頼されません。

そこで、ここでは聞いている間の余裕を埋める方法を紹介します。相手の話で自分の頭の中を満たす「話題集中法」です。話題集中法を使う利点は、話の展開を活発にする質問を生み出せることです。積極的な「待つ」ための聞き方です。

〔話題集中法〕

相手の話を聞きながら、

① 話の方向性を確認する「今後の対策について話したいということですね?」

② 相手の論拠を検証する「なぜそう思うのか、具体的に話してくれますか?」

③ 論点を整理する「ちょっと整理をしてみましょう。つまり、~ということですね?」

④ 非言語的コミュニケーションの背景を知る:表情や身体の動きなどを観察し、相手が心理的にどういう状態にあるのかを察知する。

この四つのプロセスは、一九五七年に、当時ミネソタ大学のコミュニケーションプログラムの責任者であったラルフ・ニコルスによって発表されたものです。彼はこの四項目を思考活動としていますが、ただ、本書では、その考えにもとづき、思考するだけではなく、質問に変えるやり方として紹介しました。

最近、「何をどのように質問していいか分からない」と相談を受けることがあります。しかしこの四つの項目から、会話への集中力を高めることができます。そして質問が作りやすくなる、相手が話を展開しやすくなる、という二つの面で効果を発揮しています。この方法は、特にコーチングの技術を学び始めたばかりの人に役立つでしょう。

強化の技術

犬をしつけるとき、私たちはご褒美を使います。たとえば、「おいで」と声をかけたときに犬がやってきたら、優しい声で「いい子だね」となでながらおやつを与えます。これを何回か続けると、「おいで」と声をかけるだけで犬は走ってくるようになります。

このプロセスを教えるのは、それほど難しいことではありません。飼い主が望む行動を犬がとったときに、ご褒美をあげ、その行動を「強化」すればよいのです。

犬と人間を同列に考えているとお叱りを受けるかもしれませんが、実は人間も同じです。相手が誰であろうと、相手がこちらの望む行動をしたときに、それを強化することで、行動を習慣化することが可能です。これを「強化の原理」と言います。

実は、私たち動物は、「強化の原理」を使って物事を学習しています。水道の蛇口をひねるのは、そうすれば求めている水が出るからです。蛇口をひねるという行動の、直後の結果に影響を受けるからです。求めている水が出れば、そして何度もそうであれば、人は水を得るために蛇口をひねることを憶えます。

よく私たちは、この原理を使って子どもに正しく振る舞うことを教えています。そしてそれは、子どもだけではなく大人も同じです。やってみたら欲しいものが手に入った。すると人は、望むものを手に入れるために同じ行動をとろうとする。このやり方で、大人にも、うまくいく行動や習慣を身につけさせることが可能です。この場合、手に入る望ましいものを「好子《こうし》」といいます（『うまくやるための強化の原理』カレンプライア著、二瓶社、一九九八）。

ところが、この強化法を間違って使っている人が多いのが現実です。こちらが望まない行動をしたときに、相手を叱るやり方です。たとえば、子どもにきちんと靴を揃えることを教えたい親は、玄関の靴が揃っていないと、

「きちんと靴を揃えなさいって言ったでしょう」

と子どもを叱ります。文書作りの下手な部下に対して上司は、無言で嫌な顔をするか、

「まともに読める文書を作れ」

と叱ります。

これは、自分の望まない行動をとる相手に罰を与えるというやり方で、罰によって相手

の行動を規制しようとするものです。ところが罰を与えるやり方には、前者の望ましいもの（好子）を与えるやり方に比べて、両者の人間関係を危機に晒《さら》すというリスクを伴っています。嫌なことを言われ続ければ、相手が嫌いになってしまう、というリスクです。

また実際に試してみると、前者の好子を使うやり方より、罰を使うやり方の方がはるかに時間がかかり、効果が上がらないことが多いようです。

それでは、好子を使った方法で部下を指導するにはどうすればよいでしょうか。

まず、部下が読みづらい文書を持ってきたときは、叱るのではなく「どうしたらもっと読みやすくなるだろう？」と質問したり、「ここはこう変えてはどうだろう？」と具体的に提案をします。そして、なかなかいい文書ができたと思うときに、「この文書は読みやすいね。よくできているよ」とか「努力したんだね。前よりグンとよくなった」と、相手の努力を認めるような言葉をかけます。

実際にやってみると、好子を与える方法は思ったより簡単にできるのですが、大抵の人は罰を与える方を好みます。なぜなら、上手くいっている状態を待つには辛抱が必要だからです。辛抱して待つより、その場で叱った方が、手間をかけずにすむと思うのでしょう。上手くいっているときを待つというのは、日ごろからの「観察」が必要になります。そして相手に関心を持って観察していないと、なかなかできているときに気づかないものです。

また気づいても、それを率直に言葉にする習慣のない人や、なぜか好子を与える言葉がけに照れてしまう人は、すぐに言葉が出てきません。特に、「こいつの文書は読めない」という観念の眼鏡をかけて相手を見ていると、ダメ文書ばかりが目につきます。それによって、好子を与える機会を逃してしまうのです。やはり、ここでもコミットメントが重要な鍵のようです。

コミットメントとは、望んでいることが起こるまで待つ忍耐と、そのためには何でもしようという柔軟性であると述べました。好子を使って相手の行動を強化するためには、まず待つことです。そして、できているそのときを捉え、率直に感想を言葉にすることです。

そしてもう一つ、人によって、好子が異なることを理解することも重要です。

褒めることの危険性～事実の承認と祝福～

強化の技術を読んで、なるほど相手を褒めることだな、と思った人も多いでしょう。ところが褒めることには、いくつもの危険が伴うことを私たちは理解しておく必要があります。

私は親にコーチングを教える際、「子どもを褒めてはいけません」と注意を促します。多くの親は、「子どもは褒めて育てろというのが常識だ」とためらいを露わにします。

相手が動物であろうと人間であろうと、好子を使って、適切な行動や振る舞いを強化する目的は、あくまでも相手の成長のためです。飼い主の命令に従わない犬は、共に生活するのは難しく、人間社会で受け入れられることはありません。

たとえば、約束事をきちんと守れる社員は、会社からも同僚からも好かれ、大切にされますが、しょっちゅう遅刻をする社員は周りからのよい評価は受けにくく、チームから信頼を受けたり当てにされることはありません。

つまり、より前向きな本人の成長を望む目的のために、好子を使った強化は行われるのであって、それ以外の目的のために使われるべきではありません。

ところが私たちは、相手のためではなく、自分の都合や自分の利益のために相手を褒めることがあります。しかし、それは褒め言葉を使った「支配」であり、ときには「ご機嫌取り」でしかありません。そして対象者は、それを鋭く察知します。

よく「褒められて嫌な気はしない」と言いますが、それは必ずしも本当ではありません。褒められたにもかかわらず、あまり嬉しくない体験をしたことはないでしょうか。

ある営業マンの話です。彼は、「私はあまりよい成果は望まない」と言います。なぜなら褒められるからです。「褒められていると、操られている気がする」と言うのです。そして、必ずといっていいほど褒められた後には「もっと」を要求されます。それは自分の中からモクモクと湧いてくる、もっとやりたいという気分とは違います。褒められて「もっともっと」と要求されるくらいなら、そこそこの成果を上げるくらいがちょうどよい、と彼は言います。

先ほどの彼の上司がやるべきことは、褒めておだててやらせることではありません。彼の成果を「承認」し、何が成果を上げる要因だったかを一緒に「確認」することです。そのプロセスで、彼の中には次への意欲が湧いてきます。

人が求めているのは、「無条件の承認」であり、結果とその結果を生んだ自分に対する「祝福」です。そして、自分の結果が周囲に与えた肯定的影響を知りたいと思っています。上司が自分の成果を喜んでくれたとき、それが何よりの承認であり、次への動機づけとなるのです。

それでは、褒める以外にどのような対応があるでしょうか。四つのステップを示しておきます。

〔褒める代わりにやるべきこと〕

① 日ごろからの存在承認

② 祝福「山本君、おめでとう。今期の目標は達成だね」

③ 喜びの表現「君と一緒に仕事ができて、僕は誇らしいよ」（後述の〝私メッセージ〟）

④ 成功要因の確認「何がこの結果に結びついたんだろう」「君の成功要因を聞かせてほしい」

フィードバックの技術

ここまで基本的なコーチングの技術を学んできました。ところであなたは、部下の言動に困ることはないでしょうか。部下の好ましくない言動は、上司としてそれを改めさせる責任があります。そのようなときに役立つのが、次の「フィードバック」の技術です。

相川充氏と津村俊充氏がまとめた『社会的スキルと対人関係』（誠信書房、一九九六）によれば、フィードバック情報とは、「自分が行った行動がどのような影響（結果）を生み出しているか、またその行動が他者にどのように映っているかといったデータの交換」のことです。

部下育成の場面において、上司はフィードバックによって、部下の言動や結果に対する観察内容を「情報」として伝えます。目的は「部下のパフォーマンスを向上させること」ですから、当然パフォーマンスが上がるように伝達をする必要があります。

　フィードバックを与える効果的なステップを挙げてみましょう。

〔効果的なフィードバック法〕

①　フィードバックに反応するよう相手との関係を維持する

　どれほどよいフィードバックをしても、相手がそれを受け取らなければ、フィードバックは役に立ちません。フィードバック情報を受け取れるかどうかは、その情報を発信する人との関係に大きく左右されます。

　前節で述べた強化法によって、指導者と対象者の関係が常に肯定的であれば、フィードバックが効く関係になっているはずです。まず、対象者との間に適切な関係を築いてください。良好な関係がプログラムできたら、次に、軌道修正のためのフィードバック情報を相手に送ります。

②　事実を伝える

相手の行動、あるいは結果に対して事実を伝えます。

相手が軌道から外れていると、ほとんどの場合、上司はそのことが気に入りません。すると勢い、相手を責めてしまうことになります。責められると人は反発したくなります。表面的には素直に「申し訳ありません」と言っていても、心の中では「嫌な奴だ」とか、「素直に言うことなど聞くものか」と思ってしまいます。ですから相手を責めるのでなく、事実のみを伝える努力をしてください。

「今月は三回遅刻しているよ」

「約束に一五分遅れたね」

③ 行動の影響を伝える

相手が起こした行動の結果、周りで何が起きているかを本人に伝えます。軌道から外れているから周囲が困るのです。たいていは、周りに何らかの悪影響が出ています。不愉快な思いをしている、不利益をこうむった、信頼を失った等、周囲で起こっていることをそのまま知らせます。これにより、相手の、自分の行動に対する気づきを高めます。

「朝礼のとき、全員が揃わないと、他の人にもしめしがつかないよ」

「お客を待たせる訳にはいかないから一人で訪問したよ」

④ その行動と影響に関して「私」が感じていることを伝える

影響下にある人がどう感じているかを、「私は～」という〝私メッセージ〟で伝えます。指摘された相手は、自分の行動の結果、何が起こり、それによって他人がどう感じているかを理解することができます。また、〝私メッセージ〟を使うことで、「それはあくまで人が感じていること」と、客観的に受け取る余裕ができます。

「君が時間通りに来てくれなくて、（私は）がっかりしたよ」

「同行の機会を楽しみにしていたので、（私は）腹立たしく思ったよ」

⑤ 相手の軌道修正への決意を確認する

フィードバックの結果を相手任せにしてはいけません。相手がどのように自分の行動を軌道修正しようとしているのかを、確認しましょう。

「今後、君がどうしようと考えているのか聞かせてほしい」

〈フィードバックの例〉最近遅刻が目立つ部下に対して

上司「ちょっと話したいことがあるんだけど、今いいかな？」

部下「はい」

上司「最近、君の遅刻が気になっているんだ。今月に入って今朝で三回目だね？」
部下「はい、申し訳ありません」
上司「何か特別な事情でもあるのかな？」
部下「いえ、ちょっとこのところ疲れ気味で、つい寝過ごしてしまっているだけです」
上司「そうか。先月からかなりハードなスケジュールだからね。ただ、君の遅刻が重なると朝の打合せが上手くいかなくて、困っているんだよ」
部下「申し訳ありません。気をつけます」
上司「うん、具体的にはどうやったら遅刻が防げるかな？」

私たちは「このままではいけない、改善しなければ」と思いながらも、日々の忙しさを優先させてしまうことが多くあります。そのようなとき、コーチは対象者の方向性を確認しながらフィードバックによって援助をします。コーチは、仕事の、人生のモニターでもあるのです。

目標設定の技術

次に、第2章で紹介した「『目標』と良好な関係を保つ（目標設定の重要性）」の具体的な方法を挙げておきます。

〔重要ポイント1〕　目標設定を本人にさせる、あるいは設定のプロセスに参加させる

あなたは、他人が立てた目標を押しつけられた、と感じたことはないでしょうか？

その目標は、あなたをわくわくさせたでしょうか。答えは明らかです。自分の目標は自分で立てなければ、目標自体が「ねばならない」義務と化してしまいます。

コーチングは、目標を自分で設定し、達成意欲があるときにこそ機能します。ところが他人から与えられた目標は、口には出さなくても、心のどこかで「自分の目標じゃない」と思うものです。一方で、売上などの目標が、個人によって勝手に立てられるものではないことも事実です。そのため、「組織の目標は個人の目標とは異なる。個々が立てるものではない」と考える人もいるでしょう。

しかし、会社や上司が決めた目標を、それがいかに部下のもので、部下にとって重要かを唱えたところで、説得するのは大変骨の折れる仕事です。ですから、決定のプロセスに部下を参加させ、それが自分の目標であるという認識を深めることが重要です。

〔重要ポイント2〕　目標は「ぐたいてき」であること

①「ぐ」具体的な目標を立てる

上司は部下がいつまでに、何を、どうするか、ハッキリした具体的な目標を立てられるようサポートします。目標は希望ではなく「宣言」です。また、決定事項は誰にでも分かるように文章化します。

「今年中に、ＴＯＥＩＣで現在の点数プラス一〇〇点を達成する」
「四月三〇日までに、三件の新規顧客を獲得している」
「六月一五日までに、体重を五〇キロにする」

②「た」達成可能であるか

達成可能であることが分かっていたら、何も目標にする必要はない、と考えるかもしれません。しかし、できると分かっていても、目標にしない限り努力をしないのが私たちです。そこに目標設定の価値があります。

特に、新入社員が目標を設定するときは、小さな達成をたくさん体験できるように配慮します。「できた」を重ねるごとに自信をつけ、より大きな目標にチャレンジする姿勢が育ちます。そのためには非現実的な目標ではなく、本人の実力に合った目標を立てさせることが重要です。

③「い」目標に意欲的になれるか

達成に向かって行動している姿や、結果を手にしている姿を想像してみてください。その姿がわくわく感を起こすかどうかが重要です。もし、たいしてわくわくしなかったら、目標が低すぎるのかもしれません。その場合、ストレッチが必要です。身体を伸ばして、より高いところへ届こうとすることです。達成可能な目標であることと同時に、自分をストレッチさせることも重要です。何より、そのストレッチの中で人は成長するものです。詳しくは、第5章「セルフコーチングのすすめ」の「ストレッチ」を参考にしてください。

④「て」目標が定量化できる

立てた目標は、測定することができるでしょうか。数値化することで、達成したかしていないか、また今後どのような努力が必要かが具体化します。

「より多くのお客様とコミュニケーションを交わす」は目標ではありません。それはスローガンのようなものでしょう。これを、「毎週最低三人のお客様に、『使用上お困りなことはありませんか』と訊ねる」とすれば、今週は達成したかどうか、できていない週があるとすればその原因は何か、どうすれば問題を取り除き、三人以上のお客様と会話ができるのかを発見することができます。

⑤「き」記録可能である

プロセスを記録することで、情報を残すことができます。その情報は、組織にとって財産です。また、一旦記録したものは、再現することが可能です。たとえば、成果を上げる人には、必ずそれなりの訳があります。成功の法則を見つけ、それを他者と共有することで、チームとしての効果を上げることができます。同時に、うまくいかないやり方を学ぶこともできます。

目標を達成できるかどうかは、必ずしもプロセスをきちんとやったかどうかではありません。もともと、どのような目標を立てたか、によることが多いのです。ですからコーチは、対象者自身が意欲を持って取り組めるように、目標設定を援助することが重要です。

コーチは物事を前向きに、かつ肯定的に捉える

ここまで、コーチングの技術について書いてきました。

ところで最近、自己啓発を目的に、コーチングを学ぶという人がいます。確かにコーチングを学ぶプロセスは、ヒューマンスキルを身につけることでもあります。そこで本章の後半では、コーチの資質となる要素をいくつか挙げてみましょう。

第一に挙げられるのは、物事を前向きに、肯定的に捉えることのできる能力です。数多くの思想家や哲学者が言うように、結局、私たちは自分の思い描いている自分になるようです。前向きな姿を思い描いていれば前向きに、否定的な側面を見て心配ばかりしていれば、心配どおりのことが現実となる、ということです。

物事を否定的に捉える人は、うまく他人を力づけることができません。しかし、対象者が「できない」と感じていることを、「いや、ひょっとしたらできるかもしれない。やってみたい」と思わせるには、コーチ自身がその事柄に肯定的な側面や、肯定的な取り組み方があることを知っている必要があります。肯定的な側面があることを知っているからこそ、同じ事柄をまったく反対の側から見せてやることができるのです。そして、コーチが肯定的な側に立つことで、対象者を目標の位置まで連れて行くことが可能になります。

対象者が誰であれ、コーチ自身がまず物事に前向きな姿勢でなければ、相手のやる気を引き出すことはできません。

面倒見のいい上司が落ちる罠

これまで述べてきたように、コーチングとは、一人ひとりの『やりたい』という気持ちをサポートするシステムです。『やりたい』というのは、もちろん自立を意味し、現状に対して前向きに取り組もうとする姿勢です。

このように、相手の自立を促すための援助を「サポート」と呼びます。それに反して、相手をできない存在と捉え、相手に代わって手助けすることを「ヘルプ」と言います。サポートとヘルプは、日本語に訳すと似た意味になりますが、本質的に大きな違いがあります。

まず、サポートとヘルプを説明するためによく使う比喩を用いてみます。あなたはどちらのタイプでしょうか。

飢えている人がいたらあなたは魚を釣ってやりますか、それとも魚の釣り方を教えますか。

説明をすると、魚を釣ってあげるのはヘルプです。相手にヘルプをするのは、すぐに相手の命を救えるということですから、とても親切な行為です。ところがずっと魚を釣り続けたら、どうなるでしょうか。やはりとても親切ですが、魚の釣り方を知らない相手は、永遠に自分の力で生きていくことができません。

　ところで、ヘルプをする人は、ずっとヘルプをし続けるという特徴があります。なぜヘルプをし続けるのでしょうか。なぜ魚を釣り続けるのでしょうか。

　それは、ヘルプが上司や親の仕事であり、相手のためになるという考えが指導者にあるからです。ヘルプをし続ける限り、そこには自分の仕事があり、それによって指導者は自分の存在価値を確認することができるからです。

　逆に、自分の力で生きていけない人は、自分をヘルプしてくれる人を求めます。そうして、ヘルプをする人とされる人のニーズが〝共依存〟という形で満たされるのです。

　ヘルプは、飢えている人を救うために行われます。ですからヘルプによって魚をもらった人は、もらい続ける限り、死ぬことはありません。しかし、それ以上にもなれません。つまり、ヘルプをし続ける上司の元で育った部下には、「死んではいない人」が多いのです。

　「死んではいない人」とは、素直で上司の指示にはよく従うが、それ以上の働きをすることのない人たちです。しかし、これほどまでに急激な変化をする現在のビジネス環境では、「死んではいない部下」を何人抱えていたところで、組織を発展させることは不可能です。

自分で考えることをしようとしない――親分肌の管理職が、部下のやる気のなさを嘆く言葉です。一見、彼らは部下の不甲斐なさを嘆いているようですが、実は自分自身がヘルプをし、素直なよい部下を育てていることには気づいていません。

さらに大きな問題があります。それは、「多くの人々は密かに意欲を持っている」ということです。つまり、「死んではいない状態には耐えられない人たち」がたくさんいるのです。

人は、今以上のことを望んでいます。ですから、機会が与えられなければ、人はその環境を離れ、飛躍できる別の活躍の場を求めます。

最終的には、ヘルプの多い企業には素直なよい社員だけが残り、やる気があって成長を望む社員はいつの間にかいなくなってしまうのです。

今、企業では、優秀な人材の流出をどう食い止めるかが大きな課題となっています。期待して多額の投資をし、海外留学でMBAなどの資格を修得させても、他社に引き抜かれて会社を去られてしまうケースが多くあるからです。

これなども、ただヘルプするだけで、社員を「死なない状態」に置いていた結果ではないでしょうか。「給料を増やしてやれば人は喜ぶ」「欲しいものを与えておけば人は恩義を感じていうことを聞く」という考えは安直です。中には、そういう人もいるかもしれません。

しかし、力のある社員ほど、自分の力が存分に発揮できる環境と、それをサポートしてくれる上司を求めます。人は、「ただ魚を釣ってくれる人」ではなく、「釣り方を教え、大海原に漕ぎ出す機会をくれる環境」を求めているのです。

翻ってサポートの基本は、「相手は学ぶ能力を持つ」という前提で魚の釣り方を教えることです。それは死なない状態を作ることではなく、より多くを求めることです。ですからサポートのできる上司とは、魚を釣ることの次に別の展開があり、成長があることを知っている人です。

サポート力の優れた上司の元にいる部下には、成長があります。自分の力で成し遂げ、それを発展させられる環境が提供されているからです。何より、自立した人は、「責任」という自覚を持つことができるのです。

責任［Responsibility］とは、反応［Response］する能力［Ability］を意味します。つまり、現状を正しく分析し、理解し、どう反応するかを決める能力です。

もし上司にヘルプされ続けると、その部下には反応する能力が育ちません。反応するのは上司の仕事で、部下は彼の指示に従っていさえすればよいからです。しかしそのような組織では、戦略的思考が育つことは永遠にないでしょう。

観察力

さて、優秀なコーチとは、相手のことをよく観察することのできる人だと私は思っています。コーチには、まず相手を客観的に見ることが求められます。

ところが、客観的に見るというのは、意外に難しいことです。なぜなら、私たちの見ている目そのものがすでに主観に覆われているからです。本章前半のコーチングの技術でも述べたように、私たちには「観念」があります。「観念」とは価値観であり、物の見方、考え方のすべてを指します。その観念の総体がどういうものであるかによって、見える世界はまったく違うのです。

同じものを見ても、感動する人と感動しない人がいるのはそのためです。私が「私」である限り、その観念の眼鏡をはずすことは不可能です。それさえも含んでの、「私」なのですから。

たとえばあなたが、ある部下に対し、普段から「やる気のない部下」と評価をしていたとしましょう。すると、その部下のすべてを「観念」で見てしまいます。「今、ここ」にいる彼ではなく、「やる気のない部下」というフィルターを通して見た「彼」です。結果として、あなたのコミュニケーションは、あなたの観念に影響を受けることになります。

ですから、「私」の持つ個人的な観念の影響を少しでも減らすために、コーチに求められるのは、「今、ここ」の観察です。「今、ここ」を観察するということは、起こったままの事実を認識することです。つまり、何の判断も交えずにただ起こることを「観察」するのです。

・眉間にしわを寄せて書類を読んでいる。
・飛び跳ねるように歩いている。
・緊張した様子で話している。
・誰よりも早く出社している。
・机の上が整理されている。
・帰るときには「お先に」と声をかけている。
・声にいつものような元気がない。

正しく観察するためには、常に「この人どんな人」という興味を持って相手を見ることが必要です。相手に関心を寄せているとき、そこにはたくさんの情報があります。これらの観察が、コーチングをする上で重要な人間関係づくりに一役買います。

関係を構築する能力

指導者が、コーチとして信頼を受けるということは、あなたが本当に相手の成長や成功を願っていることを、相手が実感できるかどうかです。あなたの思いに偽りがないと分かれば、相手は心を開き、あなたの質問を真剣に考え、それに答えようとします。

ただ、社内や家庭、学校でのコーチングは、コーチを受ける側に選択の余地はありません。あるとすれば、コーチングを受けるか受けないかの選択のみです。ですからコーチになる可能性のある私たちは、部下や子どもから、「この人にコーチングされたい」と思うような関係を維持していることが重要です。

そのための基本は、前節で述べた「観察」です。まず、興味を持って相手を観察します。それができたら、次に、気づいたことをなるべくこまめに伝えてみましょう。私はあなたに興味を持っています、という意思表示をするのです。

「君の作る報告書は、本当に読みやすいね」

「あれ、そのネクタイ新しい？」

「君の一言に、部長が嬉しそうな顔したね」

「誰よりも早く出社しているね」

「机の上がいつもきれいに整理されているね」

あなたに頻繁に声をかけてもらっているうちに、相手は、「認めてもらっている」と感じるようになります。人は、自分の存在を認めてくれている人に心を開き、素直にコミュニケーションを持とうとします。

すると、こちらがうるさく言わなくても、「ちょっと聞いていただけますか?」とこまめに報・連・相をするようになります。なぜならあなたと話すことは楽しく、新しい発見があり、自分が成長することを知っているからです。

相手を観察する。そして気づいたことをこまめに伝え、普段から親密な関係を心がける。これがコーチに求められる関係を構築する能力です。

感情をコントロールする能力

「頭では良く分かっているのですが、くどくど言い訳をされると、ついカッとなって『言い訳するな!』って言ってしまうんですよね」

コーチングを学び始めた管理職の人からよく聞かされる言葉です。

たとえば、成果が上がらない部下の育成について、ある管理職と話をしたときのことです。「この半年間、部下の成果が芳しくないようですが、どう思われますか」と声をかけた途端、彼は、いかにこの状況下で成果を上げることが難しく、いかに会社の方針が間違っていて、自分たちがどれほど苦労しているかを話し始めました。

最初は私もぐっと我慢して聞いていたのですが、管理職である彼がそんなことを考えていては、部下が活躍できるはずはない、とつい腹を立ててしまったことがあります。自制しようとしても、怒りがこみ上げてきます。そうなると、コーチングどころではなくなります。怒りを露わにする前に、別の日を設定して早々に会話を切り上げたことがありました。

このような感情には、必ず元となる考え方があります。たとえば私の場合は、「部下を持つ管理職たるもの、難しい状況の中でも積極的で肯定的な姿勢を保つべきだ」という考えです。「観念」の中でも「〜べき」に代表されるやっかいな思考パターンです。この考えは、「非論理的観念」と呼ぶことができます。

翻って、論理的な観念とは、「部下を持つ管理職といえども、難しい状況においては、ときには否定的になってしまうこともある」ということです。

「〜べきだ」という非論理的観念があるからこそ、私はそうでない現実に怒りを覚えたのです。つまり私の感情は、相手の態度が引き起こしたものではなく、私が持つ非論理的観念によって引き起こされたものなのです。

たとえば、テレビを見ている子どもに対するイライラも同じです。

「テスト前には、子どもはいつまでもテレビを見ているべきではない」

という非論理的観念が、親をイライラさせます。もし、

「テストの前であっても、子どもはテレビを見てリラックスすることもある」という論理的観念を持っていれば、親はイライラしなくてすみます。

自分の感じていることが相手のせいではなく、自分の観念の結果であることが理解できれば、それはコントロールすることが可能になります。相手のせいであれば、我慢するしかないのですが、自分の観念が引き起こしているものであれば、自分を律することで否定的な感情の罠に落ちずにすみます。

それではここで、自己コントロールを学ぶための具体的な訓練法をご紹介しましょう。

①ストレス（否定的感情）を感じたとき、それが具体的に、どの出来事から発生しているのかを特定する。
②出来事に対して持っている非論理的観念「〜するべき」に気づく。
③その「〜するべき」に自分で反論し、「〜といえども、〜こともある」という文章に置き換えてみる。
④その状況に対して、今自分に何ができるかを考える。
⑤行動に移す。

このプロセスを、思考の習慣に取り入れることができれば、否定的感情でコミュニケーションを台無しにすることが少なくなります。自分の感情に気づくこと、そしてそれを効果的にコントロールすることは、相手の「感情にまつわる課題」をコーチングするときに大いに役立つコーチの資質です。

正直に伝える力

あるいかつい感じの四〇代前半の男性F氏との会話です。F氏は管理職でしたが、部下が気楽に近づいてきてくれない、という悩みを持っていました。

「部下が気楽に近づくことを邪魔しているのは何だと思いますか?」

という私の質問に、彼は、

「自分でもよく分からないんですよ。顔が恐いからかな」

と冗談めかして笑います。F氏と話すうちに分かったのは、F氏はほとんどの時間、眉間にシワを寄せて会話をしている、ということでした。彼の言う「顔が恐い」のです。

「顔が恐いとおっしゃったのは、眉間のシワのことですか」

と聞くと、

「ええ、そうなんです。難しい顔をしていると言われるんですよ」

と言います。では、なぜそれをやめないのかと思いつつ、

「話している間、ほとんどその表情をしておられることに気づいていますか」

と訊ねてみると、

「ずっと、ということはないと思いますけど。じゃ、そんな顔をしたら言ってください」

と、彼が眉間にシワを寄せたら、私も同じしぐさをすることにしました。何分もしないうちに、

「え!? 本当ですか。そんなにですか」

と彼は初めて自分の眉間がどうなっているかに気づきました。どうも人間は、自分の問題を知っていてもそれを見たくはないようです。それ以降F氏は、目の周りの力を抜き、優しい目で人を見る努力をしました。その結果、F氏は部下たちから性格が丸くなり、話し易くなったと評価をされるようになりました。彼は笑って言います。

「性格なんて何も変わっていないのに、彼らは私が『変わった』って言うんですよ」

観察によってシワに気づき、眉間をリラックスさせた結果、彼は部下に親しまれるようになりました。

「顔が恐いとおっしゃったのは、眉間のシワのことですか」

なんとも不躾《ぶしつけ》な質問です。でも、もし彼の眉間のシワに気づいていながらそのことについて言及しなかったら、ひょっとしたら私たちは、F氏の性格改造について話し合っていたかもしれません。しかし結果から見て、彼に必要だったのは性格を改造することではな

く、眉間をリラックスすることだったのです。

相手をサポートする際、伝え方に配慮や工夫は必要です。しかし、相手からよりよいものを引き出そうとするのであれば、ある程度のプレッシャーは必要だと私は考えます。プレッシャーがかかると人は反応し、動きます。それが、ときには摩擦を生むこともあります。しかし、摩擦を恐れて正直な印象を伝えないと、相手の成長を援助することはできません。

直観力

この章の最後に、コーチの直観について書きます。

コーチングの場面では、大別して二通りの聞き方があります。一つは論理を追いかけて、内容を組み立て、ときには分析しながら話の内容を理解する聞き方（第3章の「話題集中法」の項参照）です。もう一つは、全体を観察しながら、直観に頼り、内容にまつわる背景や感情を感じとる聞き方です。

さて私は、仕事柄、数多くの人に出会ってきました。研修の場で、会議で、講演で、出会ってきた人たちの数は思い出せないくらいです。しかも偶然の出会いとは違い、そのような場で出会う人々は、私にいろいろな自分を見せてくれます。そんな中で仕事をしてきた私は、非常に多くの観察をしてきたと言えます。

あるとき、仕事の先輩と雑談をしていたときのことです。彼は「僕たちはきっといい占い師になれるよ」と言いました。特別に未来が見える能力を持っているわけではないが、たくさんの人を観察してきた結果、人を読む能力に長けているのだというのです。

普段私たちは、人を観察し、いろいろな情報を意識に送り込みますが、情報はどんどん更新され、古い情報やあまり使われることのない情報は無意識の中に埋め込まれていきます。それらの情報は一見、忘れ去られたかのように思われます。しかしそうではありません。一旦得た情報は、無意識のうちに、人を感じとる能力となり、様々な場面で私たちを助けてくれます。

それはよく「直観」という形であらわれます。「直観」というと、何か怪しげな響きを感じますが、必ずしもそうではありません。「直観」は、神の声でも宇宙からの交信でもなく、自分の無意識の中に蓄積された情報が、何かの刺激によって飛び出してきた結果です。

直観に関する体験は誰にでもあるのではないでしょうか。なぜそう思ったのか分からないのに（直観はそんな風にやってきます）、突然ある考えがひらめきます。そこでひらめきのとおりに行動してみると、思いもよらない成果が生まれることがあります。

コーチングにおいて、直観ほど役に立つものはない、と私は思っています。なぜなら直観が、相手に何を質問すればいいのかを教えてくれるからです。どのようなときも、相手に対して新鮮な関心を持って向き合ってみてください。それは、自分の無意識を信頼した状態でもあります。無意識を信頼するのは、「既に相手に関する必要な情報を持っていて、必要なときには意識にのぼってきてくれることを知っている」状態です。

そして、相手の話をよく聞きます。多くの場合、私の質問は非常にシンプルです。相手が言ったことについてさらに詳しく知りたいと思ったら、一言「……と言うと？」、相手の判断基準を知りたかったら「何をもってそう思ったの？」と聞き、相手にどんどん話してもらいます。完全に、相手の話についていくという状態です。次にはこう言おう、こう質問したら効果的かな、などと自分の論理を展開することはしません。

なぜなら、考えているときは私の頭は、論理で埋め尽くされるからです。頭の中を論理で一杯にすると、直観が働くスペースがなくなります。考えるのではなく、相手の論理を理解しながら、自分の考えは休ませておく。これが直観を引き出す方法です。

直観は、自分の無意識を信じた分、その信頼に応えて働いてくれます。頭の中を、まず思考で忙しくするのを止めて、無意識のささやきに耳を傾けてみてください。

コーチングの人間観に従って、対象者をできる存在と捉えることも大切ですが、同時にコーチ自身が自分の潜在的な能力を信頼することもまた重要なのです。

さて、ここまで一対一のコーチング技術と、コーチの資質について書いてきました。次章では、グループや複数の人々に行うコーチングの技術について学びます。

第4章 グループコーチングの技術「ファシリテーション」

非生産的な会議を何とかしたい

あなたは一ヵ月のうち、何時間を会議の中で過ごしていますか。そのうちの何時間が本当に生産的な時間と言えるでしょう。また、そもそも会社ではなぜ会議をするのでしょうか。本当に会って話す必要があるのでしょうか。

これらの問いかけをしないまま、いまだに非効率的な会議を続けている組織がたくさんあります。

目的のハッキリしない会議に時間を費やし、明確な結論もないまま会議が終わる。新しい発見も気づきもない。互いに対するチャレンジもなく、中には「こんな会議などやってもしかたがない」と思う人もいるのに、改革するほどのコミットメントもノウハウもない。

また、会議とは名ばかりで、月に一度集められて、ただ通達事項を静かに聞くだけ。会議室の外には、解決しなければならない問題が山積みになっていても、会議でそのことが議論されることはなく、成果を生み出さない形だけの会議で時間を無駄にしている。

このような企業は決して少なくありません。

最近、管理職研修で実践的な問題解決の方法を学ばせたい、という要請を企業から受けることが増えてきました。これまで一般的だった階層別研修以上に、仕事の現場で使える手法を求めているようです。

このように、社内の問題を解決したい、そのプロセスに部下を参加させたい、部下が積極的に実行に移るようにモチベーションを高めたいという組織には、私は〝ワークアウト〟を勧めています。ワークアウトは、会議形式で行われる問題解決のための議論の場です。

従来の会議と違い、その運営に〝ファシリテーション〟が導入されていることが特徴です。ファシリテーションには、促進すること、容易にすること、という意味があり、グループから最大限の成果を引き出すためのサポート技法を指します。

第4章では、会議などの複数人が参加する場でのグループコーチングの技術「ファシリテーション」を紹介しましょう。

GEにおけるワークアウト

ワークアウトは、ジェネラル・エレクトリック（GE）の改革を強力に推進した当時の会長兼CEOジャック・ウェルチが、改革の一環として導入した手法としてよく知られています。『ジャック・ウェルチのGE革命』によれば、こういうことです。

ウェルチの改革は、当初から大きな進歩を見せていました。にもかかわらず、就任から八年経った一九八八年においても、社内には官僚主義や閉塞感が充満しており、階層間のコミュニケーションはほとんど存在しない状態でした。これを突破するため、新たな手法が導入されました。それが「ワークアウト」と呼ばれる会議形式の議論の場です。

GEでは、「境界のない組織」づくりを促進し、より一層の業務改善を図るために、すべての階層の社員が改善すべき業務や新しいアイデアについて意見を出し合いました。そこでは上下関係を気にすることなく、自由に自分の意見を述べることができます。ファシリテーター（ワークアウトにおけるコーチ）が参加者たちをサポートすることで、個々の懸案がまとまり、実行可能な改善アイデアが決断されます。

この手法により、GEの社員は、自分次第で業務改善が可能であることを知り、経営に対する参加意識を強く持つようになりました。また、「指示・命令」や「管理一辺倒」であった管理職の仕事も、部下の話を聞き、彼らと共に考え、指導をするまさに〝コーチ〟へと変容していきました。

ワークアウトを議論の場に導入したことによって、GEは組織の閉塞感を払拭し、社員のモチベーション向上に画期的な変化をもたらすことができたのでした。

次に挙げるのは、『ジャック・ウェルチのGE革命』から要約したGEのワークアウトの目標です。

ＧＥにおけるワークアウトの目標

① **相互信頼を築く**
自分の立場を気にすることなく、率直に思うことを発言する。

② **権限委譲を進める**
仕事を知っているのは上司ではなく、もっとも現場に近い人間である。したがって上司は、その知識とエネルギーを引き出すために現場の社員に権限を与える。

③ **不必要な仕事の除去**
メンバーは、ワークアウトの具体的な目標を定め、現状の問題や解決策に耳を傾ける。

④ **新たなパラダイムの創造**
「境界のない組織」の創造。

ワークアウト導入の実際

初めて導入を計画する場合は、簡易な形式のワークアウトから始めることをお勧めします。あらかじめワークアウトのシナリオを用意することで、会議が進めやすく、参加者全員の互助意識が高まります。早速、シナリオの一部を紹介します。

［ワークアウトのシナリオ例］

目標

↓

売上目標、業務改善目標、プロジェクト目標など、達成されるべき目標を決める。この目標は、ワークアウトの方向を示す。

課題のリストアップ

↓

これさえ解決すれば目標は達成できる、という課題をリストアップする。

最重要課題の言語化

↓

今回の会議で話し合う主要テーマの選定を行う。

原因の探究と特定

↓

なぜ問題が発生しているのかを検証する。

取り組みポイントの絞り込み

←　複数ある原因から取り組むべきポイントを絞る。

解決のためのアイデア

←　ブレーンストーミング※によって慣例にとらわれないアイデアを導き出す。

（※判断を加えず、とにかくたくさんのアイデアを出し合うディスカッションの方法）

実行プランの確定

←　アイデアの中から実際に実行する項目を選定する。

プランニング

←　6W2Hにそってプランを作成する。

フォローアップ

←　結果が出るまで綿密なフォローをする。

＊参加者人数　五、六人～一二、三人（一グループ）

＊時間　テーマの大きさにもよるが、

・人数が少なく取り組みやすいテーマ　五時間前後
・人数が多く複雑なテーマ　　　　　二日間

組織の現状に合わせてシナリオを作成し、ディスカッションを深めていく技法がファシリテーションです。参加者全員にとって、納得のいく結論が導き出せます。そのときコーチは、ファシリテーターとして、グループコーチングを推進します。

次に私がファシリテーターとして実施した、実際の導入例を二つ紹介しましょう。

〈ケース事例１　N社の場合〉

N社では部門ごとに配置していた福利厚生の事務処理機能を一括して、「スタッフサポートセンター」を立ち上げた。メンバーは二五名。機能を集中させることで、社員に対してより迅速で質の高いサービスを提供しようという試みであった。

ところが三ヵ月が経過してもメンバーは新しい仕事のやり方に慣れず、社員からは以前の方が対応がよかったと苦情が出た。マネジャーはメンバーに対して助言はするものの、これといった改善策も見つからず、スタッフも対応の悪さを指摘され、やる気と自信を失いかけていた。

まずグループ全体を二つに分け、各グループでサポートセンターの「使命」と「使命を実現するあり方」をワークアウトしました。プロセスを通して社員が自信と意欲を取り戻し、部門に活気を作り出すというのが今回のワークアウトの目的です。

条件として、私は、マネジャーもメンバーの一員として参加するよう要請しました。これには二つの狙いがあります。一つは議題に上ったアイデアに対し、その場で結論をくだせるという点です。もう一つは、マネジャーが一緒に参加することで、社員と場を共有し、連帯感を作り出すことが可能になることです。

時間は三時間に限られていました。そのため、ファシリテーターである私には、できるだけ早急に高い参加意識を作り出すことが求められました。

次頁は、そのときに使用したシナリオです。

前述したように、コーチがこのグループをファシリテートする際のチャレンジは、短い時間で高い参加意識を作り出すことです。そこでまず、メンバーの率直な意見をテーブルに乗せるために、九時三五分からの二〇分間、「こんなことやった人」という質問の時間を設けました。たとえば次のような質問です。

時間	内　容	
9：00—9：15	挨拶　コーチ自己紹介 ワークアウトの目的説明 ワークアウトの内容説明	レクチャー
9：15—9：35	サポートセンターに異動してから感じていること	全員からの発表
9：35—9：55	意識調査「こんなことやった人」	全員参加の意見交換
9：55—10：20	メンバーの使命についての討議	グループ別ディスカッション
10：20—10：30	各グループからの発表	全体
10：30—10：40	休憩	
10：40—11：00	使命の絞り込み	全体でのディスカッション
11：00—11：15	使命実現のためのあり方20項目	グループ別ブレーンストーミング
11：15—11：45	あり方のまとめ　3項目への絞り込み	全体
11：45—12：00	あり方3項目の確認と全体のまとめ 終了	まとめ

「社員がカウンターに来ているのに気づいていながら、気づかない振りをして事務仕事を続けたことのある人」

最初は周りの様子を確かめながら、ぽつぽつと手を上げる人がいる程度でした。そのときマネジャーが、意を決したようにさっと手を上げました。メンバーと一緒に参加してください、という約束が守られたわけです。

コーチ「マネジャーもやったことがあるんですね？」

マネジャー「はあ」

メンバー全員「（笑いながら手を上げる）」

コーチ「全員ですか。皆さん、そのときどんな気分でしたか？」

メンバーA「非常に後ろめたかったです」

メンバー全員「（笑）」

コーチ「後ろめたかったのですか。気づかない振りをする、というのはよくあることですが、皆さんはなぜ気づかない振りをしたのでしょうか？」

メンバーB「変な話ですが、私の場合は、どう振る舞ってよいのか分からないという戸惑いがありました」

このように話を進め、二〇分後にはメンバー全員が自由闊達《かったつ》に発言する状態ができあがりました。その後、グループごとに「センターの使命」について話し合い、それを三つにまとめました。

センターの使命が明確になったところで、その使命を実現できる「メンバー一人ひとりのあり方」をグループでブレーンストーミングし、最終的に全体で三つに集約します。テンポよく高い参加意識を作り出した結果、各グループでのワークも活発となり、全員が一致して有効に時間を使うことができました。

今回、午前のグループと午後のグループを二つに分けて実施したため、二つの結果のすり合わせは、後日、センターのスタッフミーティングで行われました。その結果、三つのあり方が全員に承認されました。

① 社員の来訪があるときは、気づいた人がカウンターで出迎える。
② 笑顔で午前なら「おはようございます」、午後なら「こんにちは」と挨拶をする。
③ 来訪者の目を見て用件を聞き取る。

「なんだそんなことか」と思うかもしれません。しかし行き詰まっていた小さな組織は、「こんなこと」をきっかけに問題解決の方法を学びました。それにはメンバー全員に次のような意識が生まれたからです。

①全員が一緒にワークアウトしたこと。

②それぞれが本音で話し合えたこと。

③上司から押しつけられる方針ではなく、自らその対応法の第一歩を決めたこと。

④対応法が難しいことではないこと。

〔ケース事例2　H社の場合〕

今年度の方針として、「経費節減」が会社側から全社員に通達された。しかし、なかなか周知徹底に至らない。そのため総務部が中心となって、意識を高めるためのワークアウトを実施した。参加者は課長、課長代理、主任、一般社員など、縦割りの一二人のメンバー。時間は食事をはさんで五時間。

次頁のようなスケジュールでワークアウトを行った結果、以降半年間で取り組むプランが作成され、その間のフォローアップも設定されました。一般社員から自主的にプロジェクトリーダーが立候補し、三つのプロジェクトが同時に動き始めました。

時間	内　容	
10：00—10：15	挨拶　コーチ自己紹介　ワークアウトの目的　ワークアウトの内容	レクチャー
10：15—10：25	目標の確認	
10：25—10：45	課題のリストアップ（なぜ経費節減の意識が高まらないか）	個々のワークと発表
10：45—11：15	最重要課題の言語化（何が問題か）	全員でディスカッション
11：15—11：25	休憩	
11：25—11：55	原因の定義（その問題が起こる原因は何か）	個々の意見を発表
11：55—12：00	午前のまとめと食事休憩の宿題	
12：00—13：00	休憩	
13：00—13：45	今回の取り組みポイント（今回の取り組みポイントは何か）	ディスカッション
13：45—14：45	解決のためのアイデア	ブレーンストーミングと小グループでの話し合い
14：45—15：00	休憩	
15：00—15：40	実行プランの確定	小グループで話し合い
15：40—16：00	プランの確認と次回ミーティングについて	

全体のテーマは「(全社員への)情報周知」です。具体的には、第一に「現状把握(身近なところでどのような経費の無駄があるかを知らせる)」、第二に「改善のメリット(個々の心がけがどのような成果につながるかを知らせる)」、第三に「個々が取り組むための課題を提供する」です。この三つについて、それぞれ担当者を決め、プランにしたがって組織全体に情報を発信することになりました。

N社、H社ともにディスカッションの時間がそれほど長くないというのが特徴です。そして、それこそが、ファシリテーションの効果です。目標が明確に方向づけされ促進された話し合いでは、短時間で多くの意見を集約することが可能です。長時間にわたる無駄な会議は必要なくなります。

次にファシリテーター(コーチ)の役割と、求められる能力を述べましょう。

ワークアウトにおけるファシリテーター(コーチ)の役割と求められるスキル

① 効果的に進行するために必要な準備を行う(企画のスキル)

目的の具体化・参加者の選定・現状分析・目標設定・時間や場所の決定・参加者の意欲を高める参加依頼・参加者への事前準備依頼・ワークアウトのシナリオ等。

② 方向性を示す(プレゼンテーションスキル・観察のスキル)

最初に明確な方向性を示す。また、会議中は常に最終地点を意識し、メンバーが互いに援助し合うプロセス管理をする。全員が参加しているか、議論が軌道を外れてはいないか、時間どおりに進んでいるか等を確認する。

③ 参加意欲を高める（動機づけが起こるような話し方）

参加者一人ひとりが当事者として議論に参加するよう促す。そのため、議論の流れを観察し、発言者の意見に他のメンバーが興味を持つようサポートする。

④ 誰かに場を独占されないよう配慮する（場のエネルギー管理のスキル）

力のある人、声の大きい人、意見を主張する人によって会議などは占領されやすい。おのずと少数意見や主張しない人は隅に追いやられるので、参加者が傍観者とならないように場のバランスを図り、少数派を力づけ、全員参加を目指す。

⑤ 積極的に聞く（聞くスキル）

ファシリテーターは参加者のモデルでもある。熱心に参加者の言葉に耳を傾け、聞く姿勢を示す。

⑥ 反対意見を歓迎する（質問のスキル）

反対意見が歓迎されないと議論は活性化しない。あえて反対意見を引き出す。

⑦ 参加者の発言と進行状況を記録する

参加者に分かるように記録を取る。それにより、他者の発言を理解し、自分の考えを整理しながら発言させることができる。また、会議のプロセスを見直すことで方向性を確認する。

⑧ 異なる意見の共通項を見つけるよう促す（まとめ・要約・言い換えのスキル）

意見が異なっていても、共通する利益を見つけられればそこが決断のポイントとなる。

⑨ 実行すべきことはその場で決断し、すぐに行動できるよう手配する（結論へ導くリーダーシップ）

企業では、部下が提案や意見を出しても、返事がすぐに返ってこないために、話が立ち消えになってしまうことも少なくない。ワークアウトにおいては、可能な限り会議中に迅速に懸案の決断をくだす。それにより、参加者は早急に行動に移すことが可能で、モチベーションを下げる恐れがなくなる。

⑩ フォローアップをプランする

フォローのためのミーティングを定期的に計画し、進展の見られないプランはその場でミニワークアウトを実施する。

⑪ 完了

プロジェクトが完了した時点で、必ず参加者全員で完了のミーティングを開く。
成功例、失敗例は、組織の智恵、財産として残す。

以上、ファシリテーターに求められる役割やスキルは多岐にわたっています。ファシリテーションは管理職やプロジェクトマネジャーにとって、必須スキルであり、今後欠かせないものとなるでしょう。

そしてファシリテーションを導入した会議やワークアウトの実施は、組織にコーチングマインドを根づかせる強力な方法の一つであると言えるでしょう。

第5章 セルフコーチングのすすめ

他人の作った流れの中で生きることの限界

「最近の若い人は、自分のやりたいことしかやらない」と誰かが言っているのを聞いたことはありませんか。私はときどき耳にします。企業の管理職や青年期の子どもを持つ親が、若い社員や子どもを見て感じていることなのでしょう。そして決まって言うことは、「やりたいことに関しては、かなり熱心に自主的に取り組む」ということです。

管理職や親たちは、おそらく若いときに（あるいは今も）、やりたいことをやるより、やらなければならないことを多くやってきたのではないでしょうか。

そして同じ視点から若い世代を眺めて、「彼らはやりたいことしかやらない」と感じるのです。こんなところにも時代の変化はあらわれています。

かつて、企業、学校、家庭というすべての組織には、トップに強力な統率力がありました。経営者や校長、先生そして家長が力を持ち、その組織を支配しました。上意下達の縦型社会です。

トップに支配される組織は安全でもありました。トップが作る流れに乗る限り、それがたとえ自分のやりたいこととは違っていても、守ってもらえるからです。終身雇用制度に象徴されるように、よほどのことがなければ、「一生の仕事」は保証されます。ただ同時に、『ねばならない』と感じることも確かでした。人間は、同じことをやっていても、自分で選べば『やりたい』と感じ、他人から言われると『ねばならない』と感じます。しかし、保証された組織はあくまで誰かに作られた流れでしかなく、選択の余地はありません。

たとえば子どもたちは好きでなくても勉強をし、親の望む学校に入り、親の望む進路を歩む努力をしました。教室では先生が正解を握って、子どもたちを支配しました。その代わり、学校や先生が作る流れに乗っている限り、無事に卒業し、次の段階へと進むことができました。ですからその流れに乗らないのは、よほど力を持った子か、あるいはその反対の子でした。流れの中では「個」は大切にされることはありませんが、ある特定のレベルに子どもたちは育つことが可能でした。

ただそれは、ある特定のレベルであり、それ以上でもそれ以下でもありません。日本人には独創性がないと言われますが、それは一握りの人たちが作る流れの中で守られて暮らしてきた我々の結果です。

人並みの暮らしを求め、人並みでいることを良しとしてきた私たちは、他人と違う自分でいることを極端に恐れてきました。その中では、どんな『ねばならない』ことも我慢し努力してきました。私たちはもともと勤勉な民族です。その努力は報われ、大きな成果を上げてきました。

日本中にあらわれた『やりたいこと探し難民』

ところが、情報技術の驚異的な革新と発展は、人々の生活を一変させました。世界中の出来事が、一瞬にして、誰にでも分かるようになりました。トップ（政治家、経営者、先生、親）たちは、人々を統率するための強力な指導力を失います。トップしか知りえなかった情報を、誰もが簡単に手に入れられるようになったからです。次第に人々は、「流れ」が見えなくなりました。同時に、自分の生活は自分で守らなければならない「自己責任の社会」で生きていることに気づきます。

そして、『ねばならない』から解放され、『やりたい』ことを求めるようになりました。別の言い方をすると、流れの中で『ねばならない』と自分を駆り立ててきたことが、『やりたい』という意志に変えなければ行動を起こせなくなったのです。支配されることも守られることもない代わりに、『やりたい』という自分の意志で事を起こすことが求められるようになりました。

一方で、『やりたいこと探し難民』が増えていることも見逃せません。

若い人たちは定職につかず、親の脛《すね》をかじりながら本当に自分のやりたいことを探します。「なりたい自分」を模索します。

会社に就職した人たちの中にも『やりたいこと探し難民』はいます。立派に仕事をこなしながらも、「自分はこのままでいいのだろうか。自分の本当にやりたいことは何だろう?」と自問自答を繰り返します。

若い女性の中にも、自分の生き方、自分らしさなるものを捜し求め、その妨げになる子どもは産まないという人が私の周りにもいます。「なりたい自分」や『やりたい』ことを求め、自分磨きに精を出します。

あるいは、子育て中の母親たちは、『やりたい』ことをやっていない自分に焦りを感じ、それを妨げる子どもを疎ましく思うこともあるようです。

同時に、私たちの周りには『やりたい』ことをやって成功している人たちも増えてきています。自分なりの道を見つけ、流れから飛び出し、『やりたい』ことに精進し、活き活きと暮らしている人たちがメディアで紹介されたりしています。

すると難民たちは、そうでない自分に一層焦りを感じ、ますます『やりたい』こと探しに力が入ります。

問題は、長い間私たちが大きな流れの中で生きてきたことです。

これまで親がそうやって生きてきたように、流れの中で目立たぬよううまくやっていくことは身についていますが、自分のやりたいことを見つけて、自分で流れを作り出すことには慣れていません。

さて、親がやりたいこと探し難民でいるとき、子どもが同じであっても、なかなかうまく援助してやることができません。上司が「これでいいのだろうか」と自問しているとき、部下が「自分のやりたいことの実現を目指して会社を辞めます」と言ってきても、説得力のある対応はできません。

さらに、『やりたい』こと探しや自分探しに、大きな落とし穴があることに気づいていない人も大勢います。今やっていることの中に、たくさんの『やりたい』ことが隠されているのに、それが見えないのです。今やっていることは、実は『やりたい』ことの宝の山なのに、それが見つからないと、すぐに「これじゃない」とあきらめて他に探しに行ってしまうのです。

さて、時代がだんだんと『ねばならない』から『やりたい』へ動いているとき、人の『やりたい』を支えるサポートシステムが必要になります。

何がやりたいのか、自分が今やっていることと『やりたい』ことの関係は何か、今やっていることは実は『やりたい』ことの宝の山ではないのか、あともう少し掘ればそこに

『やりたい』ことが光を放っているのではないか、『やりたい』ことを見つけるためにはどうすればよいのか、『やりたい』ことをうまくやるためにはどうすればよいのか――。

これらを模索し、行動を起こそうとするとき、身近なところでその試みをサポートしてくれるシステムがあればどれほど心強いでしょうか。そのサポートシステムの一つがコーチングです。つまりコーチングは、人々の生き方が大きく変わろうとしている今、一人ひとりが納得のいく探究ができるためのナビゲーター役でもあるのです。

自分の道を選ぶ

私の友人の一人に、ある大手メーカーで商品企画をしている人がいます。子どもは三人。大学一年と高校二年、中学三年と、一番お金のかかる年ごろです。

彼の会社では、一昨年、早期退職者を募りました。予定以上の社員が応募し、会社は対応にあわて話題を呼びました。騒ぎの中、周囲でも退職者が目立ち、彼を落ち着かない気持ちにさせました。

ある日、友人は打ち明けます。

「やる気と力があれば、自分も飛び出したかもしれない。だけど幸か不幸か自分にはそれだけの力はないから」

彼は日ごろから、出世の遅い自分を歯がゆく思っていたようです。ところが、私は彼が早期退職に応募しなくてホッとしていました。それは彼には力がないからでも、勇気がないからでもありません。

彼はその仕事に愛着を感じていました。その会社が好きでした。本来やっている仕事から出向し、一時期営業をやっていたことも知っています。営業は簡単な仕事ではありません。おまけに彼は口がうまいわけでもありません。そのとき彼は、たくさんの『ねばならない』と格闘したことでしょう。でも彼は懸命に努め、成果を上げました。そんな彼が、早期退職に応募する人たちに混ざって、焦った選択をするのは賢明ではない、と思ったのです。

「あなただからできる、あなたしかできないことがある」

そう言ったのを覚えています。

不幸にも、彼の上司はコーチングマインドを持ち合わせていませんでした。そればかりか、何度も彼のやる気をズタズタにしました。ところが幸運にも、彼にはセルフコーチングの能力がありました。自分を自分でコーチングする能力です。

会社を辞めたいと思ったことは、幾度となくあったと思います。ただその都度彼は立ち止まり、自分の気持ちと家族のこと、仕事に対する思いとそのすべてを冷静に眺めて決断をしてきました。その繰り返しが、彼を今の位置に連れてきたのです。

あれから一年以上が経ちました。今彼は自分の企画を熱く語ります。そしてついに、自分の企画で本社の部長へのプレゼンテーションを成功させることができました。

「面白いな。やってみろ」

励ましの言葉と共に、間もなく役員へのプレゼンテーションに臨みます。

「長い間、この会社にいるけど、そんなことを言われたのは初めてだ」

照れ隠しを言うものの、今の彼は燃えています。彼は本当の『やりたい』で一歩前進したのです。今、彼は変わらず大手企業の大きな流れの中にいます。でもその流れの中に漂ったり、流されたりすることなく、自分の小船を浮かべ『やりたい』ことのために奮闘中です。

さて、人の生き方が大きく変わるとき、正しく導くためのサポートシステムがこれまで以上に求められていると感じます。

私たちが身を任せることのできる大きな流れがあるときは、それほど必要のなかったものです。しかし今は、一人ひとりの社員が自分自身の『やりたい』小船を浮かべ、共通の目標に向かって協力しあう姿こそ、これからの企業に求められるあり方ではないでしょうか。

自分をコーチングできる人は、他人に対してもコーチングマインドで接し、人の役に立つことができます。コーチングは、あなたの中で、職場で、家庭で、学校で、あらゆるところで人を幸せにする技術であり、人の成長を促す技術です。

この章では、主に個人的な課題を例に取り上げ、セルフコーチングのやり方を紹介します。セルフコーチングは、実はすべての人に一度は体験をお勧めしたい内容です。

自分に対するコーチングマインドが身につけば、今よりもっと楽しく生きることが可能です。大きな課題にチャレンジすることも恐くはありません。自分の生き方を貫くのにためらう必要もありません。悩むことさえ楽しくなります。悩むことは落ち込むことではなく、成長の入り口だと考えられるようになるからです。

セルフコーチングとは

セルフコーチングとは、自分で自分をコーチングすることをいいます。何も目新しいことではありません。人生を充実させて生きている人たちは、すべてセルフコーチングの達人と言えるでしょう。

心身ともに健康で、思考に矛盾がなく、感情的にも平穏で、仕事や社会活動において望む成果を上げ、経済的に安定しており、人間関係に恵まれ、周りから尊敬されている。

このような理想的な状態は、生まれつきのものでも、運よく降って湧いたものでもありません。そのような状態を手に入れようと、努力して得られた結果なのです。つまりセルフコーチングとは、自分からやる気を引き出して、人生の一層の充実を目指して前進するよう自分自身を力づけることです。

第1章で述べたように、私たちの中には二人の自分がいます。一人はチャレンジ精神が旺盛で、もう一人はそれを冷たく評価します。コーチの仕事は、対象者が冷たい評価者の言葉に振り回されずに、可能性を開く援助をすることです。

セルフコーチングでは、コーチ役を自分で引き受け、自ら可能性を開いていきます。それはとりもなおさず、自分に「きっと上手くいくよ。やってごらんよ」と言わせることだと私は考えます。

自分で自分を信頼し、物事に向かうとき、そこには必ず成果が生まれます。もし思うような成果が挙げられなくても、自分を責めたり、環境や周りの人のせいにして人生の被害者になったりはしません。自分を信頼しているときは、上手くいかないことがあっても方向転換が容易です。鍵となるのは、自分を信じて行動を起こすことです。上手くいかなければ、自分を信じて別の行動を起こすことです。

セルフコーチングの基本は、これまで何度も述べてきたコーチングの人間観と同じです。

これをそのままセルフコーチングに置き換えると、

私は潜在能力を備えた存在であり、できる存在である
私はよりよい仕事をすることを望んでいる
私には結果が見えるまで必要なことは何でもし、必要なだけ待つコミットメントがある

となります。自分をこのように捉えたとき、私たちは自分をコーチングすることができます。このようなセルフイメージを持てるようになるために、自分をコーチングすると言ってもいいでしょう。

この三つが自分に当てはまらない人（自分には能力がない、よりよい仕事などできないと感じることの多い人）は、「私には能力がある」と一日一〇〇回繰り返すことから始めてください。皮肉屋さんはきっと、「そんなことで能力が湧いてくるなら、一〇〇〇回でも唱えてやる」と言うでしょう。もちろんやることはそれだけではありません。また、それだけでは能力は湧いてきません。でも、少なくとも「能力がない」と言い聞かせるより、やってみようという気にさせるに違いありません。

セルフコーチングの第一歩は、自分に否定的な言葉を投げかけて辛くあたることではなく、優しくすることから始まります。この世で誰一人あなたに優しくしてくれなかったとしても、自分だけは優しくすることができたとしたら、私たちは、そこから立ち上がることができるのです。

［人生における重要領域項目］

- 仕事
- 経済
- 環境
- 自分の内面
- 人間関係
- 学習
- 社会貢献・ボランティア
- 趣味・楽しみ
- 健康
- ライフワーク　ｅｔｃ

自己の現状チェック

セルフコーチングから始まります。セルフコーチングの具体的な第一歩は、現状チェックから始まります。自分の状態が把握できれば、そこからセルフコーチングの課題を見つけられます。

では、どうやって自分の現状をチェックするかですが、それには「自己チェックリスト」の作成をお勧めします。今の生活において、自分が大切だと感じる状態や願望をリストアップし、それをチェックリストとして使用する方法です。自己チェックリストの作成法をご紹介しましょう。

まず、自分が人生において大切だと思う領域を挙げてください。

領域項目を挙げたら、別の紙を取り出してください。そして願望や挑戦したいことを一つ残らず具体的にリストアップしていきます。よく似たものでも結構です。あまり考えずにどんどん書いていきます。合計五〇個を目標にしてください。

［例］
・自分のしたい仕事をしている　・健康的な食生活をする　・精神的にいつも安定している　・肯定的なセルフイメージを維持する　・理想的な体重を維持する　・社員の責任感を高める　・週二回運動をする　・年収を倍にする　・家族との時間を増やす　・誰とも対等に接する態度を身につける　・広い心で人と接する　・週に一度はリラックスする日を作る　・禁煙する　・自分で事業を始める　・後継者を育てる　・パートナーを得る　・住まいを居心地のよい空間にする　・友人を招いてパーティーをする　・スポーツクラブに通う　・仕事に役立つコミュニケーションスタイルを身につける　・人から信頼される　・いつまでもくよくよ悩まない　・自分から進んで人と会う　・本当にやりたいことを見つける　・本を書く　・年に一度は海外旅行をする　・スノーボードに挑戦する

……

次に、五〇個リストしたものを、先ほど挙げた領域項目別に分類していきます。分類したとき、よく似たものがあれば整理します。これでチェックリストができあがります。

ある女性の自己チェックリストを一例としてご紹介しましょう。彼女は「自分・人間関係・健康・経済状態・環境・仕事」の六項目で作成しました。

［自己チェックリスト（例）］

■自分

①スケジュール表がウキウキする出来事でいっぱい。

②自分のことを好きだ。

③好奇心で満たされていて、楽天的である。

④やりたいことをやり続けている。

⑤結婚相手（パートナー）がいる。

⑥子どもを授かる。

⑦自由である。

⑧常に何かを勉強している。
⑨一つの価値観にとどまらず、いろいろな価値観を受け入れている。
⑩自分に自信を持ち、イキイキしている。
⑪過去の否定的な出来事に長くこだわることはない。

■人間関係

①人と会うのが楽しみだ。
②両親を大切にしている。
③心から信頼できる人がいる。
④どのような人とも（基本的に）対等につきあっている。
⑤自分の意見をはっきり言える。
⑥人を幸せな気分にできる。
⑦人間的に成長するような、他者とのかかわりを持っている。
⑧自分を傷つけるような人間関係はない。
⑨待ち合わせの時間など、人との約束を守っている。

■健康

①心身ともに健康である。

②食事がおいしくいただける。
③年を重ねるごとに、年相応の美しさがある。
④平均体重を維持している。
⑤身体によくないものは摂らない。（たばこ・過度のアルコール・薬・食品添加物・浄化されていない水……）

■経済状態

①自分と他人のために、使えるお金が十分にある。
②自分の将来に対して、投資するためのお金がある。
③自分の仕事に対する正当な評価としての稼ぎがある。
④寄付ができる。
⑤将来に不安を感じる必要のないだけの蓄えがある。

■環境

①自然に囲まれている。
②家族が幸せである。
③身の回りが整っていて、居心地がよい。
④家の中の不要品はすべて処理されている。

⑤ 領収書やその他の書類が整理されている。

■仕事

① 社会にも、他人にも、自分にも有益な活動（仕事）ができている。

② 仕事の能力が向上している。

③ 仕事が好きだ。

④ 仕事の内容と収入が広がる。

⑤ 社会的に認められる仕事をしている。

自己チェックリストが完成したら、チェックを入れてみましょう。自信を持って「はい、そうです」と言えるものに○をつけます。常にすべてに○がつけられる状態を目指します。自己チェックリストは、生活が変化するとおのずと変化します。一年に一回は、メンテナンスをしてください。

プロジェクトを決める

チェックリストに○がつかなかった項目の中から、第一のプロジェクトを作ります。特に気になるもの、またはやる気になればすぐにできる身近なテーマから取り組むことをお勧めします。日々の生活の中で、比較的簡単に違いを出せるものから、小さな達成を重ねていくと「能力がある」「できる」といった心の会話が強化されます。

よく選ばれるプロジェクトをいくつか挙げてみましょう。

・体重を減らす。
・家を片づける。
・いらないものを捨てる。
・家族と親密な関係を取り戻す、あるいは構築する。
・仕事で成果を上げる。
・疎遠になっている友人との交際を復活させる。
・趣味の作品づくりに目標を持つ。
・コンピュータ上のファイルを整理する。

プロジェクトが決まったら、次は目標設定です。たとえばあなたのプロジェクトが「家を片づける」であったとしたら、それを目標化してください。（第3章の「目標設定の技術」の項参照）

「二ヵ月以内に住まいを自分の思いどおりの快適な空間にし、友人を招いてパーティを開く」

① なぜそうしたいのか
・家をくつろぎの場、新たな発想が起こりやすい場にしたい。
・人を招いて、共に楽しめるようにするため。
・家庭を誇りに思える状態にするため。
② そうすることで得られる一番いいものは
・安心できるホームグラウンドができる。
③ 予想される障害と解決策
・大仕事になることにためらいがある→計画を立て時間をかけて取り組む。
・経費がかかる→経費のかかるものをリストアップし、友人の工務店に相談する。
・物が捨てられない→家族全員と協力し、捨てる物の基準を決め、理想の住まいを思い描き実行する。
④ 具体的なプラン
・四月五日　家族会議で何をどうするかを決める。工務店への相談リスト作成。
・四月六日　工務店と相談　見積もり作成。

・四月一二、一三日　不要品の搬出・処理。
・四月一九、二〇日　家族でできる改装と掃除。
・四月下旬　工務店の仕事　新しい家具の購入。
・六月七、八日　庭づくり。
・六月一四、一五日　予備週。
・六月二八日　友人を招いてパーティー。

プロジェクトの内容はいくつも同時に進めることが可能です。ただ、あまり多すぎると集中できません。内容にもよりますが、同時に進行できるものなら、多くても三つまでがいいでしょう。たとえばセルフコーチングのセミナーに参加しているある男性は、三つのプロジェクトに同時進行で取り組んでいます。仕事では「予定されている展示会を成功させる」、プライベートでは「住まいの大掃除計画」、そして「減量」です。

重要なポイントは、「できそうなプラン」を作ることです。「できそう」を「できた」に変え、そしてそれがいくつか重なったとき、あなたは大きな変化を体験するでしょう。

実行に無駄な頑張りは無用

人が目標を立てるのは、望んでいる状態が手に入っていないときです。理想体型ではないために減量に取り組み、美しい自分を手に入れようとします。十分な収入を得ていないので、そうなるよう努力します。

このとき注意が必要なのは、「どこから」あなたが動機づけされているかです。もし、「ダメだから頑張らなければならない」としたら、そこにいるのは「ダメな自分」です。「ダメな自分」から頑張るのはとても力がいります。いえ、たとえ力を入れてどんなに頑張っても、望んでいる結果を手に入れるのは大変難しいでしょう。それはあなたが、「ダメな自分」から動機づけられているからです。あなたは「ダメな自分」から逃れるために努力します。そのとき、あなたが見ているのは「ダメな自分」です。結局、「ダメな自分」を繰り返し唱えながら頑張ってしまうことになります。

よく売れるセールスマンと、そうでないセールスマンの違いについてある話を聞いたことがあります。よく売れるセールスマンは、「売れるのはこの次かな」と、売れるまでお客様のドアを叩きつづける。ところが、売れないセールスマンは「ここまでやったのに売れないのは結局ダメなんだ」とあきらめる。

この違いは、売れるセールスマンは「売れる」という結果が見えているため、単純にそれがいつかを待つだけ、売れないセールスマンは売れている結果が見えないために、あきらめてしまうということです。

さて、いったん目標が明確になったら、あなたが見るもの、考えることのすべては、望むものを手に入れている自分です。望みどおり理想の体型になったあなたです。必要なだけの収入を得ているあなたです。人前で堂々と話しているあなたです。仕事に成功しているあなたです。

たとえば、「二ヵ月以内に、住まいを自分の思いどおりの快適な空間にし、友人を招いてパーティーを開く」という目標であれば、望みどおりになった家、そこでくつろぐあなたの様子、家族の喜ぶ顔、眺めのいい庭、パーティーの雰囲気、招いた客の一人ひとりが楽しむ様。それらすべてを、詳細に思い描きます。

仕事で成功している自分であれば、望んでいることを達成し、周りから祝福を受けている自分を思い描きます。そして、その絵から行動を起こしてください。その様子があなたの中で既成事実になるまで、繰り返し繰り返し思い描きます。人は、結果が見えていることには安心感からリラックスして取り組めます。

後は日々、決めたことを実行するだけです。

ストレッチ〜自分にまともでない要求をしてみる〜

目標設定をしても、結果を約束することはできません。その結果を手に入れている姿をありありと思い描くことはできますが、結果が絶対に手に入ると約束することはできません。できるのは、「目標を達成するために、計画を立て、行動を起こす」と約束をすることです。プランが適切であれば、その通りに行動することで成果を手に入れる可能性は高くなります。

ところで、セルフコーチングにおいては、行動のストレッチをお勧めします。ストレッチとは、自分を引き伸ばすことです。普段はやらないようなことに挑戦してみることです。まともでない要求を自分に課すことで、日常の癖から抜け出し、いつにないわくわく感を作り出すことができます。

ただしそれは、行動面におけるストレッチであり、無謀な目標に挑戦するという意味ではありません。まともでない要求だからと目標の数値を倍にしても、苦しむだけです。

たとえば、毎月、売上目標を掲げて電話でセールスをする人が、一日の電話本数を三日間だけ、いつもの一・五倍にするというストレッチをしたと仮定しましょう。一・五倍の電話をかけるためには、まず何をしなければならないでしょうか。早めに出社し、電話以外の仕事を始業までに終えるとか、休憩時間を減らしてその時間を電話をかけることにあてるとか、一本の電話の時間を短くする工夫をするとか、いろいろ考えられます。

実はこれも、ストレッチの成果の一つです。普通ではできないことをやるわけですから、創造力を必要とします。効率よくやる必要がありますし、勇気を振り絞ることもあるかもしれません。でもそれが、意識の活性化につながります。

私のキャリアの始まりは通訳の仕事でした。営業マネジャーが使用するセールスマン教育のプログラムを日本で販売するアメリカ人コンサルタントの通訳をしていました。入社してから分かったことは、通訳の仕事の一つに、アポイントメントを取るための電話かけがあることでした。実は私は電話をかけることが嫌いでした。断られるのが嫌だったからです。電話が恐かったのです。通訳として就職したのに、なぜ電話をかけなければならないのか。何日もぐだぐだ悩んだ結果、私は電話から逃げるのではなく、ストレッチすることを選びました。「一日一〇〇本」を標語に、その日一日、一〇〇本の電話をかけたのです。結局、一〇〇本の電話をかけることは無理でした。でもその日は、いつもより生産性の高い仕事をすることができました。そして、電話恐怖に打ち勝つこともできました。

私が後に営業マネジャーの仕事をするようになったとき、新人には必ず「一〇〇本電話」のストレッチをしてもらいました。

問題を抱えているときのセルフコーチング

プロジェクトに取り組んでいると、思いどおりにいかないことが起こってきます。しかしそのまま立ち止まると、達成は叶《かな》いません。そこで問題解決のためのステップをご紹介しましょう。基本的にサポートコーチングのステップと同じです。

1. 何が起こっているのか
　現状把握。問題をじっくり眺める。事実を見極め、自分がどう感じているのか、何が問題かを分析し観察する。
2. その問題をどうしたいのか
　本当に解決したいかどうか。なぜ解決したいのか。問題解決に対する意思の強さを確認する。
3. どうなりたいのか
　問題を解決した後の状態や目標を明確にする。問題を解決して何を望むのかを確認する。
4. 問題の本質は何か
　何がその問題を起こしているのかという問題の本質を掘り下げ、分析する。
5. どうしたら解決できるか

問題を解決するために学ばなければならないことや、解決の方法を考えリストアップする。

「それを解決するために学ばなければならないことは何だろう?」

「それを解決するためにどんな解決方法があるだろう?」

「どうすればもっとうまくいくだろう?」

実行が可能かどうか、常識的な方法かどうかは気にせず、様々な観点から解決への道を探る。

6. 解決策をどう実行するか

解決策を実行するプランを立てる。具体的にいつどうするかを決める。

7. 力づけ

プランの実行後の自分にご褒美を用意する。一日の終わりに、ワインで乾杯する、週末に映画を観る、自分に「よくやった」と一言声をかける。

他人や自分を承認するのは、特に仕事のことであれば、弱さのあらわれや気恥ずかしいことのような気がします。しかし現実に、人は認められたり努力に対して褒美を与えられたりすることでやる気が倍増します。「がんばれ」というより「がんばった、よくやった」

と認められることで、力が湧いてきます。

人は才能を発揮するために生まれてきた

人は潜在能力を備えた存在であり、できる存在である

人はよりよい仕事をすることを望んでいる

何度も述べてきたコーチングの人間観です。そして、あなたには、**結果が見えるまで必要なことは何でもし、必要なだけ待つコミットメント**がありますか？

コーチングの対象が、あなた自身であれ、子どもであれ、共に働く人であれ、あなたはその人の可能性を心から信じることができるでしょうか。

コーチングは「できることをできるに任せること」です。つまり、相手の可能性を信じ、相手が本来持っている才能を発揮させ、相手の成長を促すことです。

ところで運動能力や、音楽などの芸術的な才能は、年齢が低いときからレッスンを始めた方が、才能を開花させるには圧倒的に有利だと言われています。幼ない子どもにレッスンの楽しさを体験させることができれば、彼らは潜在的に持つ力を発揮することができるのです。

たとえば、タイガー・ウッズは、一歳半で父親とラウンドに出かけていたといいます。そのころの彼は、数字の五までも数えられないのに、パー5、パー4、パー3の違いを直感的に理解し、自分のスコアだけでなく父親のスコアもつけていました。

タイガーの父親は、彼にゴルフを教え込むのではなく、共に楽しみ、求められたときにその質問に答えてやることで彼を育て上げました。タイガーのできることをできるに任せたのです。そして彼が、ゴルフに関して最初に学んだのは、「プレーすることの楽しさ」でした。だから彼は強いのです。

職場における部下の育成にも同じことが言えます。

慶応義塾大学でキャリア発達論（人間が職業的能力をどのように獲得し、人間的成長を含めてどのように変化していくのか）を研究している南隆男氏は、著書『新時代の人事・労務講座』の中で、次のように述べています。

「入社後三年間は重要な意味をもつ期間である。多くの新人たちは、この期間に仕事への期待と現実との落差を自覚する。また、この間の直属上司との関係は、新人の役割開発能力の学習度を規定し、彼らが管理者へと成長していくうえで大きな意味をもつ」

その時期に必要となるのが、管理職側のコーチングマインドであり、上司の部下に対するコミットメントであると私は思います。

子育てでも同じことが言えます。子どもが「完全な保護」を必要とするのは、かなり限られた時期のみです。彼らは日々成長し、次第に親の保護を必要としなくなります。保護の代わりに、彼らに必要なのは親からのコーチングです。彼らを正しく理解し、才能が開花するようなかかわりを持つ指導者です。

人生の早い時期に、職業人生の早い時期に、どのようなコーチに出会ったかが、その人の将来に大きな影響を与えるようです。その出会いの中で、指導者がコーチングマインドを持って相手の可能性を信じ、できるに任せ、よりよくなるための魔法の言葉をかけてくれたとき、人の可能性は開いていくのです。

このように書くと、「もう遅い」と感じる人がいるかもしれません。子どもと出会って十何年、部下と出会って既に五年、「どう考えても早い時期とは言えない」と思うかもしれません。でも大丈夫です。私たちの人生に、成長したいという気持ちに、遅すぎることはありません。自分自身を、そして家族や子ども、仕事仲間をそんな目で見てください。

コーチングを通じて誰かの人生に違いを作りたいと感じたなら、まずあなたがコーチとしての資質を自分の中に見つけてください。すでにかかわっている相手と、新たな関係を構築してください。

そして、その資質が完全に発揮できる日を待たないことです。待っていては何も始まりません。今すぐ始められる何かを始めてみましょう。あなたが成長しているとき、周りもあなたと一緒に成長します。

人の成長をサポートするプロセスはそのまま、自分を一回り大きな人間へと成長させるそのプロセスに他ならないのです。

あとがき

優れたコーチは、人を勝たせることを喜びとしています。スポーツ界におけるどのコーチを例にとっても、コーチが独自に脚光を浴びることはありません。選手が素晴らしい結果を作り出したとき、その業績を支えた人として、選手がスポットライトを浴びるその脇で多少の光を浴びるのです。ビジネスにおけるコーチも同じです。

かつて私は、参加者として様々な管理職研修を体験してきました。管理職がどうあるべきか、その仕事は何か、を学んだ中で鮮明に思い出すことのできる一つのメッセージがあります。

それは、「管理職の仕事は、自分より優秀な部下を育てること」です。

管理職がどんなに多くの人を育てようと、それは誰でもできる当たり前のこと。もし自分より優秀な部下を一人でも育てることができたら、それはその管理職が上司として優秀である証だというのです。

これはまさに上司に対し、「部下のコーチたれ」と伝えていることだと感じます。上司が知っていることを教え込むやり方で人を育てると、相手は上司が知っている以上の知識を活用することは非常に難しくなります。コーチとして、部下を伸びるだけ伸ばしてやる技量を持っていれば、より多くの部下たちがより優秀な仕事人として育つのです。

最近、ある企業でのファシリテーション研修でのこと。会議の場においていかに活発な議論を生み出し、ディスカッションの質を高め、納得のいく結論に導くかを話し合っていました。

その中で、「会議を独占し、大きな声で持論を押しつけようとする人への対応法」を練習していると、「でもこれは、上司がその人である場合は使えないですね」という発言がありました。他の参加者もうなずいています。

上司が会議を独占し始めたら、議論を高めることなど考えない方がよい。そんなことをしたら、にらまれて大変なことになるだけだ、というのです。

それが本当かどうかは分かりません。しかし少なくとも、その参加者たちは、自分の上司に対して、そう感じていることは確かです。自分の持っている力や、創造性を発揮し、よりよい仕事をすることが望まれているとは感じていないのです。

これは、コーチと選手、上司と部下の関係だけではなく、親と子、先生と生徒という関係においても同じです。

いつも思い出しては笑ってしまう一つのエピソードがあります。私の娘は本の虫です。

いろいろな本を読んでいますから「何でそんなことを知ってるの？」と思うようなことをよく教えてくれます。そんな娘が中学受験をする際、学習塾に通うことになりました。

あるとき、塾のテストで「全身に酸素を運ぶのは」という問題があり、彼女は「ヘモグロビン」と書きました。ところがその答案に×がついてきたのです。不思議に思った彼女は先生に尋ねました。すると先生は、「まだヘモグロビンは習っていない」と答えたそうです。正解は「血液」だったのです。なるほど、これが「求められている以上のことはやるな」という世の中からのメッセージかと妙に感心したものです。

私にもよく似た体験があります。小学一年のときのテストです。動物とその動物が食べる餌を線で結ぶ問題がありました。私の間違いは、「ニワトリ」と「小魚」を結んでしまったところから始まりました。一番自信のあった解答です。兄の釣った小魚を、我が家のニワトリは喜んで食べていたのです。

その結果、すべてが食い違い、私は零点を取りました。その答案用紙を持って、母は担任の先生を訪ねました。先生がなんと言ったかは分かりませんが、その後、母は採点をし直してくれました。「やっぱり私が日常的に目にしていたニワトリが小魚を食べる姿は正しかったんだ」と幼心に思ったことを覚えています。

家庭にも、教育の場にも、企業内にも、今後「人を育てる」意識が必要です。それは学ぶべき知識を教え込むことではなく、本人が知っていることを活用し、よりよい仕事をしようとする本来のやる気を大切にすることではないでしょうか。

人は邪魔さえ入らなければもっと育つことができる。自分がその邪魔をしないよう、多少なりともサポートができるコーチでありたいと心がける日々です。

本書の執筆にあたり、多くの方々に示唆をいただきました。講談社現代新書の上田哲之氏と関西シーエスの狩俣昌子さんの多大な援助には、心からの感謝をささげます。

菅原裕子

二〇〇三年二月

ワイズコミュニケーションのホームページ
http://www.ys-comm.co.jp

参考文献

W.Timothy Gallwey(原著)、後藤新弥(翻訳)『インナーゲーム』(一九七六、日刊スポーツ出版社)
W.Timothy Gallway(原著)、後藤新弥(翻訳)『新インナーゲーム』(二〇〇〇、日刊スポーツ出版社)
Jan Carlzon(原著)、堤猶二(翻訳)『真実の瞬間―SASのサービス戦略はなぜ成功したか』(一九九〇、ダイヤモンド社)
電機連合(オムロン労働組合)機関誌『WAKE』(一九九七・一〇)「ときめきインタビュー」
Noel M. Tichy, Stratford Sherman(原著)、小林規一・小林陽太郎(翻訳)『ジャック・ウェルチのGE革命』(一九九四、東洋経済新報社)
Harvard Business Review DIAMONDハーバード・ビジネス・レビュー編集部

『コミュニケーション戦力スキル（ハーバード・ビジネス・レビュー・ブックス）』（二〇〇二、ダイヤモンド社）
Karen Pryor(原著)、河嶋孝・杉山尚子(翻訳)『うまくやるための強化の原理―飼いネコから配偶者まで』（一九九八、二瓶社）
相川充・津村俊充（著）『社会的スキルと対人関係』（一九九六、誠信書房）
菅原裕子（著）『聞く技術・伝える技術』（二〇〇一、オーエス出版）
Earl Woods, Pete McDaniel(原著)、大前研一(監訳)『トレーニング ア タイガー―タイガー・ウッズ父子のゴルフ&教育革命』（一九九七、小学館）
南隆男・角山剛・浦光博・武田圭太(著)『組織・職務と人間行動 効率と人間尊重との調和／新時代の人事・労務講座』（一九九三、ぎょうせい）

講談社現代新書 1656

コーチングの技術《ぎじゅつ》 上司《じょうし》と部下《ぶか》の人間学《にんげんがく》

二〇〇三年三月二〇日第一刷発行 二〇〇七年八月一〇日第一八刷発行

著者——菅原裕子《すがはらゆうこ》

発行者——野間佐和子 発行所——株式会社講談社
東京都文京区音羽二丁目一二—二一 郵便番号一一二—八〇〇一
電話（出版部）〇三—五三九五—三五二一 （販売部）〇三—五三九五—五八一七 （業務部）〇三—五三九五—三六一五
カバー・表紙デザイン——中島英樹
印刷所——凸版印刷株式会社 製本所——株式会社大進堂
（定価はカバーに表示してあります） Printed in Japan

N.D.C.336 203p 18cm
ISBN4-06-149656-5

「講談社現代新書」の刊行にあたって

教養は万人が身をもって養い創造すべきものであって、一部の専門家の占有物として、ただ一方的に人々の手もとに配布され伝達されうるものではありません。

しかし、不幸にしてわが国の現状では、教養の重要な養いとなるべき書物は、ほとんど講壇からの天下りや単なる解説に終始し、知識技術を真剣に希求する青少年・学生・一般民衆の根本的な疑問や興味は、けっして十分に答えられ、解きほぐされ、手引きされることがありません。万人の内奥から発した真正の教養への芽ばえが、こうして放置され、むなしく滅びさる運命にゆだねられているのです。

このことは、中・高校だけで教育をおわる人々の成長をはばんでいるだけでなく、大学に進んだり、インテリと目されたりする人々の精神力の健康さえもむしばみ、わが国の文化の実質をまことに脆弱なものにしています。単なる博識以上の根強い思索力・判断力、および確かな技術にささえられた教養を必要とする日本の将来にとって、これは真剣に憂慮されなければならない事態であるといわなければなりません。

わたしたちの「講談社現代新書」は、この事態の克服を意図して計画されたものです。これによってわたしたちは、講壇からの天下りでもなく、単なる解説書でもない、もっぱら万人の魂に生ずる初発的かつ根本的な問題をとらえ、掘り起こし、手引きし、しかも最新の知識への展望を万人に確立させる書物を、新しく世の中に送り出したいと念願しています。

わたしたちは、創業以来民衆を対象とする啓蒙の仕事に専心してきた講談社にとって、これこそもっともふさわしい課題であり、伝統ある出版社としての義務でもあると考えているのです。

一九六四年四月　野間省一

経済・ビジネス

1489 リストラと能力主義 森永卓郎
1552 最強の経営学——島田隆
1574 成果主義と人事評価 内田研二
1596 失敗を生かす仕事術 畑村洋太郎
1624 企業を高めるブランド戦略——田中洋
1628 ヨーロッパ型資本主義 福島清彦
1641 ゼロからわかる経済の基本——野口旭
1642 会社を変える戦略——山本真司
1647 最強のファイナンス理論——真壁昭夫
1656 コーチングの技術——菅原裕子
1692 ゼロからわかる個人投資——真壁昭夫
1695 世界を制した中小企業 黒崎誠
1713 日本再生会議——木村剛
1717 事業再生と敗者復活 八木宏之
1721 粉飾国家——金子勝
1750 「家計破綻」に負けない経済学——森永卓郎
1754 経済学のことば——根井雅弘
1760 経済論戦の読み方——田中秀臣
1764 年金をとりもどす法 社会保険庁有志
1766 戦略思考のすすめ——河瀬誠
1773 グラフの表現術——山本義郎
1780 はじめての金融工学 真壁昭夫
1782 道路の経済学——松下文洋
1784 トヨタモデル——阿部和義
1795 「身の丈起業」のすすめ——一橋総合研究所
1834 スラスラ書ける！ビジネス文書——清水義範
1836 北朝鮮に潜入せよ——青木理
1845 人事制度イノベーション 滝田誠一郎
1857 上司につける薬！——高城幸司
1877 会社コンプライアンス——伊藤真